La enciclopedia del Fútbol

Publicación con licencia oficial de la FIFA

Título original: The Football Encyclopedia FIFA

©FIFA, los logos de productos con licencia oficial de la FIFA y los emblemas, mascotas, pósteres y trofeos de los torneos la Copa Mundial de la FIFA™ están sujetos a derechos de autor y/o son marcas registradas de la FIFA.

Esta es una obra de Welbeck Children's, parte de Welbeck Publishing Group Limited, 20 Mortimer Street, London W1T 3JW & 205 Commonwealth Street, Surry Hills 2010, Sydney. Textos, diseño e ilustraciones copyright © Welbeck Children's Limited 2023

Todos los derechos reservados. Ninguna parte de esta publicación puede reproducirse, almacenarse en un sistema de recuperación ni transmitirse de cualquier forma o por cualquier medio, electrónico, mecánico, por fotocopia, grabación ni de ningún otro modo, sin previo permiso de los propietarios de los derechos de autor y la editorial.

Autora: Emily Stead
Editor: Víctor Manuel Ruiz Calderón
Diseño: RockJaw Creative
Adaptación de cubierta: Celia Antón Santos
Traducción: David Ridruejo Sánchez

Ediciones Oberon (GRUPO ANAYA, S. A), 2024
Valentín Beato, 21. 28037 Madrid
Depósito legal: M. 28.015-2023
ISBN: 978-84-415-4869-5
Impreso en China

Esta publicación se crea bajo licencia de la FIFA, pero el contenido de esta publicación no ha sido proporcionado por la FIFA. La FIFA no garantiza la exactitud o completitud del contenido o la información recogidos en esta publicación y niega cualquier responsabilidad y obligación hasta donde permita la ley aplicable sobre cualquier gasto, pérdida, daño y coste en los que pueda incurrir cualquier persona u organización respecto a ese contenido o información. Cualquier error u omisión no intencionados dependen de la editorial y se corregirán en futuras ediciones del libro.

FUENTES DE REFERENCIA PRINCIPALES:

Federación Internacional de Fútbol Asociación (FIFA)
www.fifa.com

Unión de Federaciones Europeas de Fútbol (UEFA)
www.uefa.com

Confederación de Fútbol de la Asociación del Norte, Centroamérica y el Caribe (CONCACAF)
www.concacaf.com

Confederación Sudamericana de Fútbol (CONMEBOL)
www.conmebol.com

Confédération Africaine de Football (CAF)
www.cafonline.com

Asian Football Confederation (AFC)
www.the-afc.com

Oceania Football Confederation
https://www.oceaniafootball.com/

The Football Association (FA)
www.thefa.com

Enciclopedia Británica
https://www.britannica.com/sports/football-soccer

BBC Sport Football
www.bbc.co.uk/sport/football
https://www.bbc.co.uk/sport/football/womens

Federación Internacional de Historia y Estadística de Fútbol
https://iffhs.de/

Guinness World Records
https://www.guinnessworldrecords.com/

The Rec.Sport.Soccer Statistics Foundation
www.rsssf.com

La responsabilidad sobre la exactitud de los hechos y las convenciones de nomenclatura de cualquier organización o torneo futbolísticos que no estén relacionados con la FIFA recae únicamente en la editorial, no en la FIFA. Cualquier error u omisión no intencionados se corregirán en futuras ediciones del libro.

Las estadísticas y récords del libro son correctos a fecha de agosto de 2023.

La enciclopedia del Fútbol

Publicación con licencia oficial de la FIFA

OBERON

CONTENIDOS

LA EVOLUCIÓN DEL FÚTBOL — 6
Los orígenes del fútbol — 8
La expansión del juego — 10
Fútbol por el mundo — 12
Fútbol femenino — 14
Las nuevas audiencias — 16

EN EL CAMPO — 18
Posiciones en el campo — 20
Formaciones de los equipos — 22
El equipo arbitral — 24
Tecnología en el fútbol — 26
Los estadios modernos — 28

PRINCIPALES TORNEOS — 30
Copa Mundial de la FIFA™ — 32
Copa Mundial Femenina de la FIFA™ — 36
Juegos Olímpicos (torneo masculino) — 38
Juegos Olímpicos (torneo femenino) — 40
Campeonato de Europa de la UEFA — 42
Campeonato de Europa de la UEFA Femenino — 44
CONMEBOL Copa América — 46
Copa Oro de la Concacaf — 48
Copa Africana de Naciones (African Cup of Nations) — 50
Copa Asiática (AFC Asian Cup) — 52

PRINCIPALES SELECCIONES — 54
Región UEFA: Inglaterra — 56
Región UEFA: Francia — 60
Región UEFA: Alemania — 64
Región UEFA: Italia — 68
Región UEFA: Holanda — 70
Región UEFA: España — 74
Región UEFA: otras naciones destacadas — 76
Región Concacaf: naciones destacadas — 80
Región CONMEBOL: Argentina — 84
Región CONMEBOL: Brasil — 86
Región CONMEBOL: Uruguay — 90
Región CAF: naciones africanas destacadas — 92
Región AFC: naciones asiáticas destacadas — 94
Equipos de la OFC — 97

TORNEOS CONTINENTALES — 98
UEFA Champions League — 100
UEFA Women's Champions League — 104
UEFA Europa League — 106
CONMEBOL Libertadores — 108
Copa Mundial de Clubes de la FIFA™ — 110

MÁS TORNEOS DE LA FIFA — 112

PREMIOS THE BEST FIFA FOOTBALL AWARDS™ — 116

LISTAS DE HONOR — 118
Índice alfabético — 124

LA EVOLUCIÓN DEL FÚTBOL

Los juegos de pelota sencillos existen desde hace miles de años, pero, hasta mediados del siglo XIX, no se escribieron las reglas del fútbol, que dieron lugar al juego como lo conocemos hoy en día. En la actualidad, más de cuatro mil millones de aficionados (más de la mitad de la población del planeta) animan con frecuencia a sus equipos por todo el mundo.

Primer plano de un momento del partido entre Marruecos e Irán en la fase de grupos de la Copa Mundial de la FIFA Rusia 2018™.

LOS ORÍGENES DEL FÚTBOL

Aunque el fútbol moderno comenzó en Gran Bretaña, miles de años antes ya existían muchas otras versiones del juego en distintos continentes. Estos antiguos juegos de pelota ayudaron a dar forma a la evolución del fútbol y desempeñaron un papel importante en su historia.

> El antiguo juego de pelota chino *cuju* podría haberse usado como ejercicio de entrenamiento para soldados durante la dinastía Han (206 a. C.–220 d. C.).

1600 A. C.
ANTIGUO JUEGO DE PELOTA

El primer deporte de equipo con pelota documentado lo jugaban los mayas y los aztecas. Para puntuar, los jugadores movían una pelota de caucho sólido a cualquiera de los extremos de una cancha de piedra empinada. Si un jugador lograba pasar la pelota por un aro de piedra en mitad de la cancha, su equipo se proclamaba vencedor.

800 A. C.
JUEGO GRIEGO

El *episkyros* ya se jugaba en Grecia en el año 800 a. C. Aunque los jugadores (12 en cada equipo) usaban las manos para mover la pelota, muchas reglas del juego eran similares a las del fútbol. Se jugaba en un campo marcado con líneas blancas.

200 A. C.
CUJU EN CHINA

El primer juego en el que los jugadores tenían que dar patadas a la pelota fue una invención china y se jugó por primera vez hace más de 2.000 años. El juego, llamado *tsu'chu* o *cuju*, usaba una pelota de cuero rellena de plumas. Los jugadores debían marcar sin usar manos ni brazos.

146 A. C.
HARPASTUM ROMANO

Tras conquistar Grecia, los romanos adoptaron los juegos de pelota de los antiguos griegos y crearon su propia versión, llamada *harpastum*. El mayor cambio que los romanos introdujeron en las reglas fue que se permitía a los jugadores dar patadas a la pelota.

Representación del siglo XIX de dos equipos de un internado inglés jugando al *field game*, una versión temprana del fútbol.

1863
LA ASOCIACIÓN INGLESA DE FÚTBOL

En octubre de 1863, se produjo un acontecimiento importante en Londres que cambiaría el curso de la historia del fútbol. Cuando se creó la Asociación Inglesa de Fútbol (FA), se propuso escribir el primer reglamento del juego. La FA decidió que los jugadores ya no podían llevar el balón con las manos y, entre otras cosas, se acordó que se usarían un tamaño y un peso estándar para la pelota.

1800
DEPORTE ESCOLAR

En el siglo XIX se popularizaron en los internados británicos juegos que combinaban partes del rugby y el fútbol modernos. Sin embargo, las reglas eran diferentes en cada colegio, lo que hizo que fuese imposible para los equipos jugar entre ellos de forma justa. Los intentos de crear directrices oficiales fracasaron, ya que los colegios no lograron ponerse de acuerdo en un conjunto uniforme de reglas.

1070-1400
FÚTBOL POPULAR

El fútbol popular se jugaba en Inglaterra en la Edad Media. ¡Los equipos tenían que golpear con los pies o los puños una pelota hecha con una vejiga de cerdo inflada por las calles del pueblo! Los "campos" podían tener kilómetros de longitud y los partidos atraían a aglomeraciones de jugadores. Solía haber heridos y pronto se ilegalizaron por ser demasiado violentos.

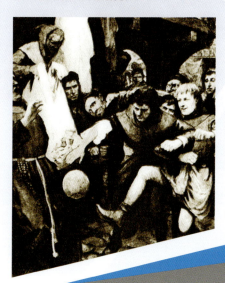
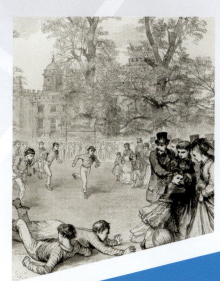

LA EXPANSIÓN DEL JUEGO

La primera competición futbolística importante del mundo, la FA Cup, se jugó en 1871-1872, mientras que el primer campeonato de liga arrancó poco después. El interés por el juego se extendió y los partidos empezaron a atraer a enormes multitudes. Muchos clubes tuvieron que construir estadios grandes para acoger a un número cada vez mayor de aficionados.

En 1889, el Preston North End se ganó el apodo de "Los Invencibles" tras acabar invicto la competición liguera de 22 partidos.

LOS PRIMEROS DEL FÚTBOL

1872	PARTIDO INTERNACIONAL —	Escocia  vs. Inglaterra
1872	GANADORES FA CUP —	Wanderers FC
1889	CAMPEONES DE LA LIGA DE FÚTBOL —	Preston North End

Los jugadores más destacados de la década de 1880 compitieron para ganar la FA Cup.

PROFESIONALIZACIÓN

Al principio, la FA prohibió a los clubes pagar a los jugadores. Como resultado, los clubes ingleses, como el Preston North End, usaban el dinero de la venta de entradas para cubrir los gastos de sus jugadores. Más tarde, la presión de clubes y jugadores obligó a la FA a cambiar la regla en 1885 y se estableció un salario máximo desde 1893 hasta 1945. Al final, la FA eliminó las restricciones en los salarios en 1961, cuando los jugadores amenazaron con declararse en huelga si no les pagaban su verdadero valor.

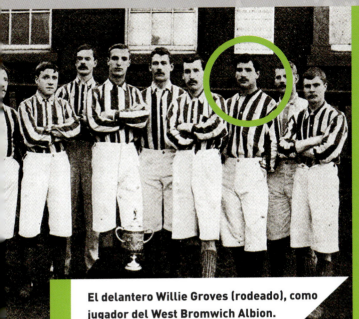

El delantero Willie Groves (rodeado), como jugador del West Bromwich Albion.

FICHAJES MÁS DESTACADOS

El Aston Villa pagó 100 libras esterlinas (unos 115 euros) en 1893 por el fichaje de Willie Groves, del West Bromwich Albion. Desde entonces, las cosas han cambiado mucho. En el fútbol moderno, los jugadores cambian de club por precios exorbitados durante dos periodos: el mercado de verano y el de invierno. En 2017, el Paris Saint-Germain hizo historia al establecer un récord en el precio de un traspaso, al pagar 222 millones de euros por la estrella del FC Barcelona Neymar.

El brasileño Neymar fue el fichaje más importante del Paris Saint-Germain en 2017.

FICHAJES DE RÉCORD

PRECIO ESTIMADO DEL FICHAJE	FECHA	JUGADOR	DE	A
115 €	1893	WILLIE GROVES	WEST BROMWICH ALBION	ASTON VILLA
1158 €	1905	ALF COMMON	SUNDERLAND	MIDDLESBROUGH TOWN
11.587 €	1928	DAVID JACK	BOLTON WANDERERS	ARSENAL
115.871 €	1961	LUIS SUÁREZ	FC BARCELONA	FC INTERNAZIONALE
1.158.716 €	1975	GIUSEPPE SAVOLDI	BOLOGNA FC	SSC NAPOLI
11.587.163 €	1992	JEAN PIERRE-PAPIN	OLYMPIQUE DE MARSEILLE	AC MILAN
222.000.000 €	2017	NEYMAR	FC BARCELONA	PARIS SAINT-GERMAIN

Boceto de un partido de fútbol en Candahar (Kandahar), Afganistán. 59º Regto. vs. The Garrison, 1892.

EXPANSIÓN GLOBAL

La popularidad del fútbol despegó después de su profesionalización. Con la llegada del siglo XX, soldados, marineros y trabajadores del ferrocarril extendieron este bonito juego al viajar por todos los países del Imperio Británico. La gente se enamoró del fútbol por Europa y por todas partes, desde América Central y del Sur hasta África, lo que llevó a los países a crear sus propias asociaciones de fútbol.

FÚTBOL POR EL MUNDO

La FIFA es la organización encargada del fútbol a nivel mundial. Además de gestionar la Copa Mundial de la FIFA™, la Copa Mundial Femenina de la FIFA™ y otras competiciones futbolísticas, el papel de la FIFA es asegurarse de que todo el mundo, en todas partes, pueda unirse al deporte más popular del mundo. "FIFA" significa *Fédération Internationale de Football Association* y se fundó en París en 1904. En la actualidad, la FIFA tiene 211 asociaciones nacionales miembros por los seis continentes. Cada continente tiene su propia confederación regional.

CONCACAF

Creada en 1961, la Concacaf organiza el fútbol en América del Norte, Central y el Caribe. Tiene 41 miembros desde Canadá a las naciones caribeñas.

⚽ COMPETICIONES PRINCIPALES

Internacionales: Copa Oro de la Concacaf
Liga de Naciones de la Concacaf
Campeonato Femenino de la Concacaf

Clubes: Liga de Campeones de la Concacaf

CONMEBOL

La CONMEBOL es la federación regional más antigua, fundada en 1916. Se encarga del fútbol en América del Sur y cuenta con diez miembros.

⚽ COMPETICIONES PRINCIPALES

Internacionales: CONMEBOL Copa América
CONMEBOL Copa América Femenina

Clubes: CONMEBOL Copa Libertadores
CONMEBOL Copa Libertadores Femenina
CONMEBOL Copa Sudamericana

COMPETICIONES PRINCIPALES	FUNDACIÓN	EQUIPOS CON MÁS ÉXITO	
COPA MUNDIAL DE LA FIFA™	1930	BRASIL (cinco títulos)	★★★★★
COPA MUNDIAL FEMENINA DE LA FIFA™	1991	EE. UU. (cuatro títulos)	★★★★

UEFA

Es la organización responsable del fútbol en Europa. Fundada en 1954, en la actualidad tiene 55 miembros.

⚽ COMPETICIONES PRINCIPALES

Internacionales: Campeonato de Europa de la UEFA y UEFA Nations League

Clubes: UEFA Champions League
UEFA Europa League
UEFA Women's Champions League

AFC

La AFC organiza el fútbol en Asia y Australia. Se formó en 1954 y tiene 47 miembros.

⚽ COMPETICIONES PRINCIPALES

Internacionales: Copa Asiática y Copa Asiática Femenina

Clubes: AFC Champions League y AFC Women's Champions League (a partir de 2024)

OFC

Organismo que regula el fútbol en Oceanía. Es la más reciente y pequeña de las confederaciones. Se formó en 1966 y cuenta con 13 miembros: 11 de pleno derecho y 2 asociados.

⚽ COMPETICIONES PRINCIPALES

Internacionales: OFC Nations Cup
OFC Women's Nations Cup

Clubes: OFC Champions League

CAF

Fundada en 1957, la CAF es el organismo que regula el fútbol en África y tiene 54 miembros, el mayor número de todas las confederaciones.

⚽ COMPETICIONES PRINCIPALES

Internacionales: Africa Cup of Nations (Copa Africana de Naciones) y Africa Women's Cup of Nations

Clubes: CAF Champions League
CAF Confederations Cup
Africa Super League (desde octubre de 2023)

FÚTBOL FEMENINO

La historia del fútbol femenino está plagada de luces y sombras. Hoy en día, más de 16 millones de mujeres en todo el mundo participan en este deporte, pero hubo un tiempo en que lo tenían prohibido por completo en muchos países. Muchas han tenido que pelear duro en el siglo pasado para ayudar a que el fútbol femenino crezca hasta convertirse en el emocionante deporte que conocemos en la actualidad.

EL MUNDO EN GUERRA

Hasta que estalló la Primera Guerra Mundial en Europa en 1914, el fútbol masculino y femenino había estado creciendo en el Reino Unido, donde atraía a grandes multitudes. Cuando los hombres se fueron al frente, las mujeres se ocuparon de sus trabajos en fábricas de armas, en oficinas y en el campo. El gobierno británico apoyaba a los equipos femeninos, tanto por la salud de las mujeres como para mantener la moral alta en casa.

Jugada de la final de la Copa Mundial Femenina de la FIFA Australia/Nueva Zelanda entre España e Inglaterra.

El Dick, Kerr Ladies FC solo perdió 28 de los 833 partidos que jugó entre 1917 y 1965.

UNA ERA DORADA

El Dick, Kerr Ladies FC se formó en una fábrica de munición en Preston. La popularidad del equipo, liderado por la feroz delantera Lily Parr, creció gracias a actuaciones impresionantes. Incluso tras la guerra, el equipo siguió atrayendo a multitudes de récord de hasta 53.000 aficionados. Después, en 1921, la FA prohibió a las mujeres jugar en sus campos, afirmando que el deporte era "poco apropiado para féminas". La prohibición resultante duró 50 años, y otros países siguieron el ejemplo de Inglaterra.

RECUPERACIÓN LENTA

Cuando el fútbol femenino empezó a levantarse de nuevo poco a poco, se jugó el primer partido femenino internacional reconocido por la FIFA en 1971, entre Francia y Holanda. En 1984, se disputó el primer Campeonato de Europa Femenino de la UEFA, seguido de la primera Copa Mundial Femenina de la FIFA™ en 1991.

La selección de EE. UU. ganó la primera Copa Mundial Femenina de la FIFA™, celebrada en China.

La exdelantera estadounidense Kristine Lilly (izquierda) es quien más veces ha jugado como internacional (354) en la historia del deporte.

CAMBIAR EL JUEGO

En la actualidad, más de 13 millones de mujeres juegan al fútbol en todo el mundo y la FIFA apoya el crecimiento del fútbol femenino en sus 211 países miembros. Muchas mujeres juegan profesionalmente, sobre todo en países como EE. UU., Japón y por toda Europa. Todavía queda mucho por hacer para que los sueldos y las condiciones sean iguales a los del deporte masculino.

LAS NUEVAS AUDIENCIAS

A medida que crecía la popularidad del fútbol, también lo hacía el interés por las retransmisiones en directo. Los aficionados estaban ansiosos por recibir actualizaciones inmediatas de lo que ocurría en los partidos, algo que los periódicos no podían ofrecer, a diferencia de la radio y la televisión.

PRIMERO LA RADIO

El 22 de enero de 1927, la BBC ofreció la primera retransmisión de la historia de un partido de la liga de fútbol en Inglaterra desde una caseta de madera en el estadio Highbury de Londres. Se trataba de un encuentro de la primera división entre el Arsenal y el Sheffield United. Casi un siglo después, decenas de millones de oyentes en todo el mundo siguen disfrutando de las retransmisiones radiofónicas en directo de partidos de fútbol.

COBERTURA TELEVISIVA

El primer partido de 90 minutos completo que se emitió en directo en televisión fue un internacional amistoso entre Inglaterra y Escocia en 1938. En aquel entonces, solo unas 10.000 personas en el Reino Unido tenían televisión. Las ventas de televisores se dispararon dos años después, en 1940, cuando la coronación de la reina Isabel II se retransmitió en directo para toda la nación.

AUDIENCIAS CRECIENTES

En 1964, el primer programa *Match of the Day* (Partido del día) atrajo a un cuarto de la audiencia televisiva adulta del Reino Unido y, en 1970, la final de la FA Cup se emitió con un récord de 28 millones de espectadores. La demanda de fútbol en directo siguió creciendo y, en 1992, Sky Sports ofreció más de 352 millones de euros para emitir en directo encuentros de la recién creada Premier League inglesa, una cantidad de dinero revolucionaria en aquella época.

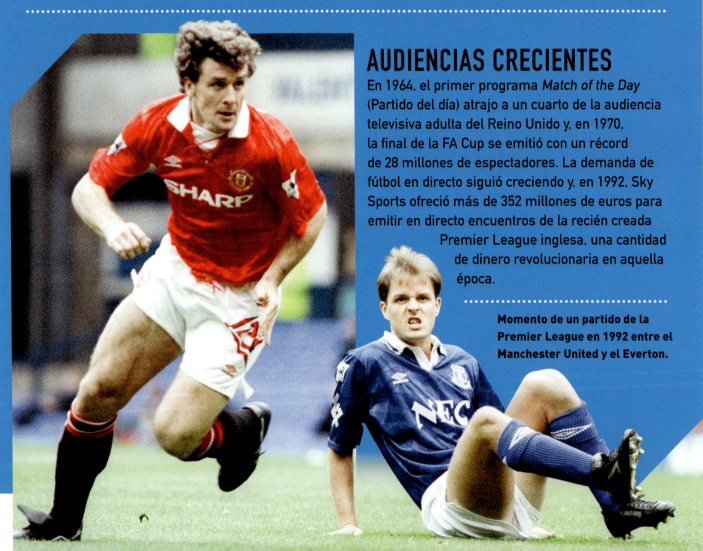

Momento de un partido de la Premier League en 1992 entre el Manchester United y el Everton.

EL MUNDO MIRA

La primera competición global que se emitió en televisión fue la Copa Mundial de la FIFA Suiza 1954™. Ocho países europeos retransmitieron partidos en directo, aunque no siempre eran de la selección del país. No se televisaron todos los encuentros y, a menudo, se emitían resúmenes hasta tres días después. En los años siguientes, la tecnología mejoró con rapidez y en 1966 el torneo actuó como plataforma de lanzamiento para llegar a nuevas audiencias alrededor del mundo.

La República Federal de Alemania celebra su famosa victoria por 3-2 ante la favorita Hungría en la final de la Copa Mundial de la FIFA™ en 1954.

En 1970, millones de espectadores disfrutaron de las habilidades asombrosas de Pelé en vivo y en color.

EL DEBUT DE ORIENTE MEDIO

Catar albergó la 22ª edición de la Copa Mundial de la FIFA™ en 2022. Fue la primera vez que se celebró un torneo importante de la FIFA en la península arábiga y ofreció una de las finales más dramáticas y entretenidas jamás televisadas, con una audiencia de aproximadamente 1.500 millones de espectadores en todo el mundo.

El delantero francés Kylian Mbappé brilló en la Copa Mundial de la FIFA Rusia 2018™, donde Francia se convirtió en campeona del mundo por segunda vez.

A TODO COLOR

En la Copa Mundial de la FIFA México 1970™ se produjo un gran avance en la cobertura televisiva cuando los partidos se emitieron en color por primera vez. Además, decenas de millones de espectadores de todo el mundo pudieron ver partidos en directo, gracias a los avances de las comunicaciones por satélite. Los aficionados se quedaron maravillados por la imagen en color, mientras Brasil se alzaba con su tercer título con su uniforme amarillo canario.

COPAS MUNDIALES DE LA FIFA™ MÁS VISTAS

TORNEO	AUDIENCIA (miles de millones)
CATAR 2022	>5*
RUSIA 2018	3,57
FRANCIA 1998	3,4
SUDÁFRICA 2010	3,2
BRASIL 2014	3,2

*Incluye interacciones en redes sociales.

EN EL CAMPO

El fútbol es el deporte más popular del planeta. Dos equipos, cada uno de ellos formado por 11 jugadores, intentan marcar tantos goles como sea posible golpeando al balón con los pies o la cabeza a la portería contraria. Los partidos duran 90 minutos y gana el equipo que marque más goles.

El juego del argentino Lionel Messi y el francés Kylian Mbappé en la final de la Copa Mundial de la FIFA Catar 2022™ recibió grandes halagos.

POSICIONES EN EL CAMPO

El fútbol es un deporte de equipo, con 11 jugadores en cada lado. Cada jugador debe conocer su función en el equipo y todos deben trabajar juntos durante un partido para jugar lo mejor posible.

NÚMEROS EN LAS CAMISETAS

Los dorsales se introdujeron para ayudar al árbitro a distinguir a los 22 jugadores de ambos equipos. Tradicionalmente, el guardameta lleva el nº 1, los defensas llevan los números del 2 al 5 (y el 6), los centrocampistas los números (6) 7, 8 y 11 y los delanteros el 9 y el 10. Sin embargo, hoy en día es frecuente que los jugadores puedan elegir sus dorsales, mientras que, a veces, algunos equipos retiran un número que ha llevado con anterioridad una leyenda.

PORTERO

El único jugador que tiene permitido tocar el balón con la mano es el portero, pero solo dentro de su propia área de penalti. Como última línea de defensa del equipo, el portero tiene muchas responsabilidades, desde detener los disparos a coger y lanzar el balón y organizar a los defensas. Los porteros deben mantenerse alerta todo el partido, listos para hacer una parada en cualquier momento. Muchos porteros también comienzan las jugadas de ataque de su equipo desde atrás, ya sea con tiro largo, un pase con el pie o un pase con la mano.

El francés Hugo Lloris hace una parada durante la Copa del Mundo de la FIFA Rusia 2018™.

DEFENSAS

Los defensas deben intentar evitar que sus oponentes marquen un tanto o creen oportunidades de gol. Aunque los defensas trabajan en la "línea de atrás", cada uno desempeña una función diferente. Los defensas centrales se sitúan delante del portero y marcan a los delanteros más atacantes del equipo rival. Los carrileros defienden la línea de banda a ambos lados del campo, mientras que los laterales ocupan la misma posición, pero también se unen al ataque.

La leyenda de la selección italiana y el AC Milan, Paolo Maldini, está considerado como uno de los mejores defensas de la historia del fútbol.

Algunos equipos usan un "líbero". El trabajo del líbero es jugar detrás de la defensa y mejorar los pases a un jugador atacante.

CENTROCAMPISTAS

El centro del campo es el enlace entre la defensa y el ataque, con jugadores que desempeñan cuatro papeles diferentes. Los mediocentros defensivos cubren la defensa y rompen el juego de ataque de los rivales, mientras que los centrales ocupan el medio del campo y tratan de mover el balón hacia delante. Los interiores recorren la línea de banda y centran al área del equipo rival, mientras que los mediocentros ofensivos intentan crear oportunidades de gol.

El centrocampista Xavi llevó a España a la victoria en la Copa Mundial de la FIFA Sudáfrica 2010™ y a dos títulos europeos en 2008 y 2012.

DELANTEROS

La tarea principal de un delantero es marcar goles para el equipo. Como goleadores, son los que suelen acaparar los titulares. Un ariete o delantero centro juega en la posición más adelantada en el campo contrario. Suelen ser los que más tiran a puerta e intentan mantener el balón para meter a otros jugadores en el juego. El "segundo delantero" juega en el espacio entre el delantero centro y el centro del campo.

La delantera estrella de Brasil, Marta, ha sido elegida Mejor Jugadora del Año de la FIFA™ seis veces, todo un récord.

TOP 10

Algunos de los jugadores más icónicos del fútbol, como Diego Maradona, Lionel Messi y Pelé, han llevado el nº 10 en la camiseta. Este número suele utilizarlo el creador de juego del equipo, que controla el ataque del mismo y, a menudo, es uno de los que marcan. Deben tener excelentes habilidades de pase, creatividad y visión.

El argentino Lionel Messi está considerado uno de los mejores dieces del mundo de toda la historia.

DORSALES ÚNICOS

JUVENTUS	AC MILAN	AC MILAN	FC INTERNAZIONALE	ABERDEEN

BUFFON 77	SHEVCHENKO 76	RONALDINHO 80	ZAMORANO 1+8	ZEROUALI 0

FORMACIONES DE LOS EQUIPOS

Una formación describe la manera en que un equipo se alinea en el campo durante un partido. El tipo de formación elegida por un equipo depende de los puntos fuertes y débiles de los 11 jugadores, tanto a nivel individual como colectivo. Veamos algunas de las formaciones más comunes del fútbol moderno.

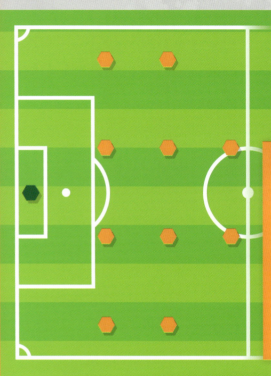

4-4-2

Esta configuración clásica es una de las formaciones más populares del fútbol moderno. Se utilizó con frecuencia en el fútbol británico y en muchas partes de Europa a lo largo del siglo XX.

PUNTOS FUERTES

- Dos arietes suponen una gran amenaza en ataque.
- El equipo puede utilizar la anchura completa del campo.
- Las funciones bien definidas de los jugadores hacen que la formación sea fácil de implementar.

PUNTOS DÉBILES

- Los equipos pueden verse superados en número en el centro.
- Los centrocampistas deben hacer un trabajo extra en ataque y defensa.
- Los equipos son menos flexibles y las opciones de pase son más limitadas.

4-3-3

Esta formación es efectiva para equipos que tienen atacantes fuertes y pasadores hábiles en sus alineaciones. Esta configuración sigue siendo popular entre algunos de los mejores equipos del mundo.

PUNTOS FUERTES

- Con tres jugadores en el centro, los equipos pueden controlar el juego.
- Un centro del campo congestionado obliga al rival a tener que jugar abarcando mucho campo.
- Tres delanteros crean más oportunidades de gol.

PUNTOS DÉBILES

- Los centrocampistas pueden verse arrastrados fuera de su posición.
- Los delanteros deben estar en muy buena forma para ofrecer cobertura defensiva.
- Los laterales no deben descuidar sus obligaciones defensivas.

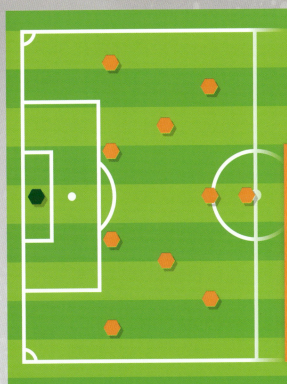

4-2-3-1

Muchos de los mejores clubes y selecciones de Europa han empleado esta formación en los últimos 20 años, más o menos. El sistema utiliza la fuerza del diamante del 4-4-2 en el centro del campo.

PUNTOS FUERTES

- Es fácil dominar la posesión en el centro del campo.
- La formación flexible da a los jugadores libertad por todo el campo.
- Tres mediocentros ofensivos dan a los equipos más opciones creativas.

PUNTOS DÉBILES

- El ariete solitario se queda aislado si los extremos no consiguen darle apoyo, lo que le obliga a retrasarse.
- Los atacantes deben jugar a un ritmo rápido todo el partido.

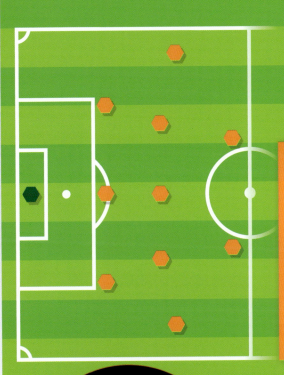

3-5-2

Esta configuración puede adaptarse a la situación del partido, ya que plantea una defensa fuerte y un ataque potente. Con cinco jugadores en el centro del campo, un equipo con esta formación tiene muchas probabilidades de dominar la posesión.

PUNTOS FUERTES

- El defensa central extra permite a un equipo desmontar los contragolpes.
- Los laterales ofensivos ofrecen una amplitud extra desde los flancos.
- El juego puede pasar rápidamente de ser de defensa a ser de ataque.

PUNTOS DÉBILES

- Los defensas centrales deben ser hábiles con el balón para iniciar ataques.
- Cada jugador debe entender su posición a la perfección.
- Los laterales deben tener una forma física y un nivel de resistencia excelentes.

> Entre las formaciones alternativas se incluyen el "diamante" y el "árbol de Navidad", que se llaman así por la forma que adoptan los equipos cuando se alinean en el campo.

EL EQUIPO ARBITRAL

El equipo arbitral de un partido es responsable de que se practique un juego limpio, acorde con el reglamento. El árbitro está al cargo, ayudado por dos asistentes y un cuarto árbitro, mientras que en algunas competiciones se cuenta con el videoarbitraje, que ayuda a los árbitros a tomar las decisiones correctas, mediante un auricular, en situaciones que son decisivas para cambiar un partido.

EL ÁRBITRO

El árbitro es esencial para el juego. Controla el partido y garantiza que se juega de forma limpia y segura. Sus herramientas principales son un silbato para interrumpir el juego, una tarjeta amarilla de advertencia y una tarjeta roja para expulsar a jugadores y entrenadores. Son la máxima autoridad en cada partido que arbitran.

El exárbitro Pierluigi Collina está considerado como uno de los mejores árbitros de todos los tiempos.

EL ÁRBITRO ASISTENTE

Dos árbitros asistentes ayudan al árbitro desde el exterior de las líneas de banda. Se centran sobre todo en situaciones de fuera de juego o en las que el balón traspasa los límites, pero también pueden informar al árbitro si hay una falta, especialmente si se comete cerca de ellos. Utilizan banderines para señalar sustituciones, faltas, fueras de juego o salidas de los límites del balón.

EL CUARTO ÁRBITRO

La principal responsabilidad del cuarto árbitro es gestionar las áreas técnicas donde se sitúan los banquillos de los equipos. Esto incluye registros y sustituciones, además de la comunicación directa con los entrenadores cuando sea necesario. A menudo, muestran los cambios y el tiempo añadido con paneles electrónicos.

ABRIR NUEVOS CAMINOS

La árbitra francesa Stéphanie Frappart dejó su carrera como jugadora a los 18 años para seguir su sueño de convertirse en árbitra profesional. Su pasión por el reglamento del fútbol y su impresionante rendimiento han hecho que se gane la reputación de estar entre los mejores árbitros del mundo.

Frappart hizo historia cuando se convirtió en la primera árbitra en estar al cargo de un partido de la Copa Mundial de la FIFA™ en Catar 2022™. Fue una de las tres árbitras que participaron en el torneo.

Dos Copas Mundiales Sub-17 de la FIFA (competición masculina) han estado arbitradas por mujeres. La primera se celebró en la India en 2017 y la segunda en Brasil en 2019.

ÁRBITROS ASISTENTES DE VÍDEO

Un árbitro asistente de vídeo (*Video Assistant Referee*, VAR) y un ayudante del árbitro (*Assistant VAR*, AVAR) revisan situaciones que podrían cambiar el curso del partido en la cabina del VAR (*Video Operations Room*, VOR). Proporcionan al árbitro información para corregir "errores claros y obvios" en una de las cuatro situaciones que puedan condicionar el resultado: gol/no gol, penalti/no penalti, tarjeta roja y confusión de identidad. Los árbitros tienen la opción de revisar clips de vídeo en un monitor a un lado del campo.

El árbitro Bastian Dankert señala su intención de revisar una decisión usando el VAR durante un partido de la Bundesliga en 2018.

TECNOLOGÍA EN EL FÚTBOL

La tecnología usada en el fútbol está en constante evolución. Se han introducido muchas innovaciones en los últimos años para mejorar el rendimiento de jugadores y árbitros y la seguridad en el campo. Es importante que cualquier idea nueva de alta tecnología mejore el juego sin interrumpir la fluidez del partido.

El VAR hizo su debut en un torneo internacional importante en la Copa Mundial de la FIFA Rusia 2018™.

DETECCIÓN AUTOMÁTICA DE GOLES

La detección automática de goles (DAG) se usa en algunos de los partidos de fútbol más importantes, tras su introducción después de algunos incidentes muy notorios en la Copa Mundial de la FIFA Sudáfrica 2010™. Se trata de un sistema de última generación que utiliza cámaras, montadas bajo el techo del estadio, para indicar al árbitro al instante (mediante un dispositivo en su muñeca) si el balón completo ha cruzado la línea de gol. Todo el balón debe cruzar la línea para que el gol sea válido.

LÍNEAS VIRTUALES DE FUERA DE JUEGO

Las decisiones sobre fuera de juego en competiciones importantes se toman ahora con la ayuda del VAR. Las líneas virtuales miden la ubicación exacta de los jugadores en el campo para comprobar si estaban o no fuera de juego cuando se les pasó el balón. Esta tecnología se introdujo en el reglamento del fútbol en 2018 y, desde entonces, ha demostrado ser más eficaz que el ojo humano a la hora de detectar fueras de juego.

AEROSOL EVANESCENTE

Cuando se concede un tiro de falta, el árbitro utiliza un aerosol especial para marcar dónde debe situarse el equipo que defiende (al menos a 9,1 metros del punto desde el que se va a tirar). Esa espuma desaparece al cabo de un minuto, más o menos.

El equipo del VAR solo se comunica con el árbitro en caso de errores claros y obvios o incidentes serios no señalados.

DISPOSITIVOS DE SEGUIMIENTO

Muchos jugadores profesionales llevan dispositivos de seguimiento durante los partidos y entrenamientos para registrar datos clave sobre su rendimiento. El pequeño sensor, sujeto con correas entre los hombros del jugador, registra la distancia que ha recorrido el jugador durante una sesión, su ritmo cardíaco y otra información relacionada con su estado físico. Los clubes usan esos datos para evaluar el rendimiento de un jugador y adaptar su entrenamiento según corresponda.

CÉSPED ARTIFICIAL

Aunque las superficies de juego en el fútbol han mejorado mucho en los últimos 50 años, incluso hoy en día hay partidos en las categorías inferiores que se posponen debido a campos helados o encharcados. Ahora, muchos estadios tienen campos híbridos, donde se han entrelazado fibras artificiales en las raíces del césped natural. Esto hace que la superficie sea más fuerte y más resistente a los daños.

LOS ESTADIOS MODERNOS

Los estadios de fútbol más grandes del mundo tienen capacidad para albergar a más de 10.000 aficionados. Los estadios modernos tienen asientos para todos y ofrecen a los espectadores una vista estupenda del campo. Estos recintos deben cumplir los estándares de seguridad más altos para acoger a los aficionados de los dos equipos en los días de partido.

Con capacidad para 88.966 espectadores, el Lusail de Catar fue el estadio anfitrión más grande en la Copa Mundial de la FIFA Catar 2022™.

EL CAMPO

Para acoger competiciones importantes, como la final de la UEFA Champions League o de la Copa Mundial de la FIFA™, el campo de un estadio debe tener las medidas estándar de la FIFA, 105 metros de largo por 68 metros de ancho. Los encargados de mantenimiento trabajan con diligencia para mantener el campo en perfectas condiciones todo el año.

El famoso Estadio de Wembley fue el escenario de los partidos en casa del Tottenham Hotspur en la fase de grupos de la UEFA Champions League durante las temporadas 2017/2018 y 2018/2019.

LOS BANQUILLOS

El equipo técnico y los suplentes se sientan en el banquillo, delante del cual está marcada el área técnica, en la que entrenadores y suplentes pueden entrar durante un partido.

LOS VESTUARIOS

Cada equipo tiene su propio vestuario, donde los jugadores se ponen la equipación y escuchan al entrenador dar su charla al equipo previa al partido antes de salir al campo. Los mejores clubes tienen vestuarios con camillas e instalaciones para baños de hielo.

El vestuario vanguardista del principal club londinense, el Tottenham Hotspur.

EL TÚNEL

Jugadores, equipo técnico y mascotas se alinean en el túnel listos para salir al campo. En los momentos previos al partido puede haber nervios entre los jugadores.

Las jugadoras de Italia y Brasil se alinean en el túnel en la Copa Mundial Femenina de la FIFA Francia 2019™.

ESTADIOS DE FÚTBOL MÁS GRANDES

ESTADIO RUNGRADO PRIMERO DE MAYO
EQUIPO: Corea del Norte
CAPACIDAD: 114.000
UBICACIÓN: Piongyang, Corea del Norte

MELBOURNE CRICKET GROUND
EQUIPO: Australia
CAPACIDAD: 100.024
UBICACIÓN: Melbourne, Australia

CAMP NOU
EQUIPO: FC Barcelona
CAPACIDAD: 99.354
UBICACIÓN: Barcelona, España

FNB STADIUM (SOCCER CITY)
EQUIPOS: Kaizer Chiefs, Sudáfrica
CAPACIDAD: 94.736
UBICACIÓN: Johannesburgo, Sudáfrica

ESTADIO ROSE BOWL
EQUIPO: UCLA Bruins, EE. UU.
CAPACIDAD: 90.888
UBICACIÓN: Pasadena, California, EE. UU.

ESTADIO WEMBLEY
EQUIPOS: Inglaterra (masculino y femenino)
CAPACIDAD: 90.000
UBICACIÓN: Londres, Inglaterra

ESTADIO AZTECA
EQUIPOS: Club América, Cruz Azul, México
CAPACIDAD: 87.523
UBICACIÓN: Ciudad de México, México

ESTADIO NACIONAL BUKIT JALIL
EQUIPOS: Malasia
CAPACIDAD: 87.411
UBICACIÓN: Kuala Lumpur, Malasia

ESTADIO BORG EL ARAB
EQUIPOS: Egipto
CAPACIDAD: 86.000
UBICACIÓN: Alejandría, Egipto

PRINCIPALES TORNEOS

Algunos de los títulos más famosos de este deporte se ganan en torneos internacionales. Todo futbolista sueña con alzar algún día el trofeo más importante del fútbol mundial, la Copa Mundial de la FIFA™. Además, cada país tiene la oportunidad de coronarse campeón de su continente en varios torneos eliminatorios muy emocionantes que se juegan por todo el planeta.

Cesc Fàbregas levanta el trofeo después de la victoria en la Copa Mundial de la FIFA Sudáfrica 2010™ tras ganar a Holanda por 1-0 en la final.

COPA MUNDIAL DE LA FIFA™

La Copa Mundial de la FIFA™ es la competición más prestigiosa del mundo del fútbol. El torneo masculino se celebra cada cuatro años para decidir qué selección nacional se corona campeona del mundo.

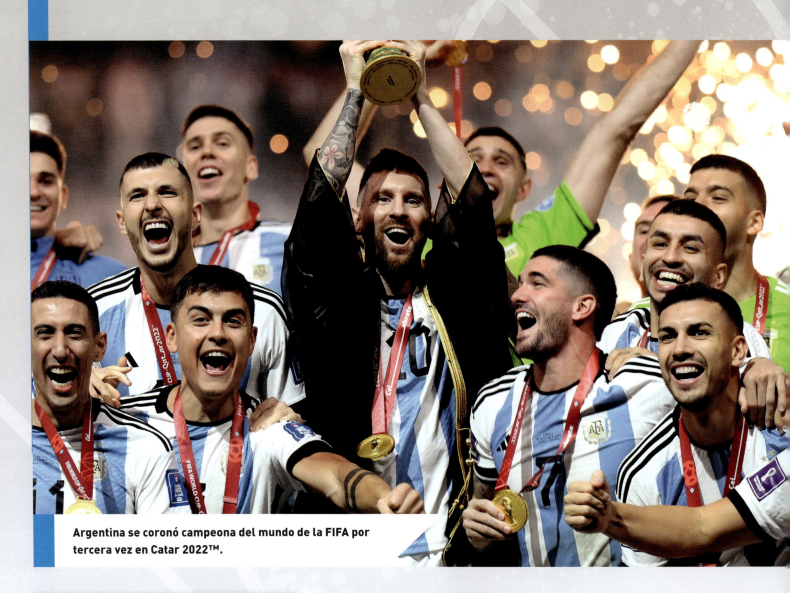

Argentina se coronó campeona del mundo de la FIFA por tercera vez en Catar 2022™.

VIGENTE CAMPEONA
- ARGENTINA

MÁS VICTORIAS
- BRASIL — 5

MÁS PARTICIPACIONES
- BRASIL — 22

DATOS DEL TORNEO

COPA MUNDIAL	AÑO	PAÍS ANFITRIÓN	N° DE EQUIPOS
PRIMERA EDICIÓN	1930	URUGUAY	13
ÚLTIMA EDICIÓN	2022	CATAR	32
PRÓXIMA EDICIÓN	2026	CANADÁ, MÉXICO, EE. UU.	48

48 LA FASE FINAL

A partir de 2026, en la fase final de la Copa Mundial de la FIFA™ participarán 48 equipos. Mientras que la nación (o naciones) anfitriona y la vigente campeona tienen puesto automáticamente, los demás equipos de las seis confederaciones juegan una serie de partidos clasificatorios en los tres años anteriores al evento.

Catar 2022™ fue la Copa Mundial de la FIFA™ con más goles de la historia: 172 en 64 partidos. En seis de esos partidos se marcaron seis goles o más.

26 UN ARGENTINO INCREÍBLE

Considerado uno de los mejores jugadores de la historia, el argentino Lionel Messi tiene el récord de mayor número de participaciones en las fases finales de la Copa Mundial de la FIFA™ (26).

17 HACER HISTORIA

Norman Whiteside, de Irlanda del Norte, es el jugador más joven de la historia en participar en la fase final de una Copa Mundial de la FIFA™. Tenía solo 17 años y 41 días cuando jugó contra Yugoslavia en 1982.

2 DOBLE GANADOR

El italiano Vittorio Pozzo es el único entrenador que ha ganado la Copa Mundial de la FIFA™ dos veces. Llevó a los *Azzurri* a la victoria dos veces consecutivas, en 1934 y 1938.

PREMIOS DEL TORNEO

Al final de cada torneo, se dan trofeos a distintos jugadores por su rendimiento destacado. Además, el equipo con menos tarjetas rojas y amarillas gana un premio al juego limpio (*fair play*).

- ⚽ **BALÓN DE ORO DE ADIDAS** – mejor jugador
- ⚽ **BOTA DE ORO DE ADIDAS** – máximo goleador
- ⚽ **GUANTE DE ORO DE ADIDAS** – mejor portero
- ⚽ **MEJOR JUGADOR JOVEN** – mejor jugador de menos de 21 años al comienzo del año natural
- ⚽ **PREMIO *FAIR PLAY* DE LA FIFA** – equipo con el mejor registro de juego limpio (solo se tienen en cuenta los equipos que llegan a las fases eliminatorias)

El argentino Lionel Messi se alzó con el Balón de Oro de adidas en la Copa Mundial de la FIFA Catar 2022™, convirtiéndose en el único jugador distinguido con ese premio dos veces.

El delantero de Colombia James Rodríguez marcó seis goles en la Copa Mundial de la FIFA Brasil 2014™ y se alzó con la Bota de Oro de adidas.

LEYENDAS AL PODER

Brasil es el equipo de mayor éxito en la historia de la Copa Mundial de la FIFA™. El equipo sudamericano ha conseguido un récord de cinco títulos mundiales y ha participado en 22 torneos, una cifra sin igual. Su famoso delantero Pelé lució el dorsal nº 10 y ganó tres torneos de la Copa Mundial de la FIFA™ con Brasil en 1958, 1962 y 1970. Está considerado uno de los mejores jugadores que el fútbol ha dado jamás.

Pelé marcó 12 goles en 14 apariciones en la Copa Mundial de la FIFA™.

MÁXIMO PREMIO

El trofeo de la Copa Mundial de la FIFA™ mide 36,8 cm de alto, pesa 6,175 kg y está hecho de oro de 18 quilates. Después de cada torneo, se graba el nombre del país ganador en la base del trofeo. El anterior trofeo, llamado Copa Jules Rimet, desapareció en 1966 y, más tarde, lo encontró un perro llamado Pickles. En 1983, la copa se esfumó otra vez en Brasil.

MÁXIMOS GOLEADORES DE LA HISTORIA DEL TORNEO

JUGADOR		GOLES	AÑO
MIROSLAV KLOSE	🇩🇪	16	2002, 2006, 2010, 2014
RONALDO	🇧🇷	15	1998, 2002, 2006
GERD MÜLLER	🇩🇪	14	1970, 1974
JUST FONTAINE	🇫🇷	13	1958
PELÉ	🇧🇷	12	1958, 1962, 1966, 1970
KYLIAN MBAPPÉ	🇫🇷	12	2018, 2022

El alemán Miroslav Klose marcó un récord de 16 goles a lo largo de cuatro campeonatos mundiales. Su celebración también era espectacular.

HACIENDO HISTORIA

Catar albergó la Copa del Mundo de la FIFA 2022™ convirtiéndose en el primer país anfitrión del torneo en Oriente Medio. Para evitar el calor abrasador del verano catarí, el torneo se celebró por primera vez en noviembre y diciembre. Más de 1,4 millones de aficionados de todo el mundo viajaron a Catar para el evento y cada partido tuvo una media de 53.191 espectadores. Después de la competición, se donaron hasta 170.000 asientos del estadio para usos alternativos.

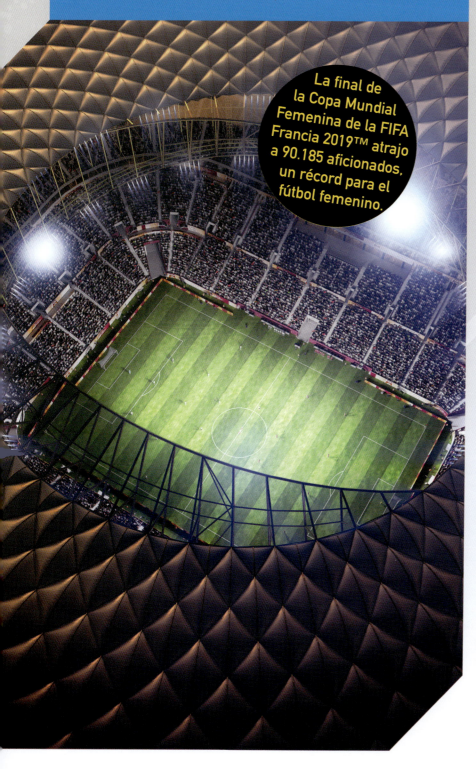

La final de la Copa Mundial Femenina de la FIFA Francia 2019™ atrajo a 90.185 aficionados, un récord para el fútbol femenino.

LAS DIEZ FINALES DE LAS COPAS MUNDIALES DE LA FIFA™ CON MAYOR ASISTENCIA

1 — 173.850
Estadio do Maracaná
Río de Janeiro, Brasil 1950

2 — 114.600
Estadio Azteca
Ciudad de México, México 1986

3 — 107.412
Estadio Azteca
Ciudad de México, México 1970

4 — 98.000
Estadio Wembley
Londres, Inglaterra 1966

5 — 94.194
Rose Bowl
Pasadena, EE. UU. 1994

6 — 93.000
Estadio Centenario
Montevideo, Uruguay 1930

7 — 90.000
Estadio Santiago Bernabéu
Madrid, España 1982

8 — 88.966
Estadio Lusail
Lusail, Catar 2022

9 — 84.490
Soccer City
Johannesburgo, Sudáfrica 2010

10 — 80.000
Estadio de Francia
París, Francia 1998

COPA MUNDIAL FEMENINA DE LA FIFA™

La primera Copa Mundial Femenina de la FIFA™ se jugó en China en 1991. Desde entonces, el torneo ha crecido hasta convertirse en una de las mayores competiciones de deporte femenino del planeta.

Los asistentes a los estadios en la Copa Mundial Femenina de la FIFA 2023™ superaron los 1,9 millones de espectadores. El récord anterior era de 1,35 millones en la edición celebrada en Canadá.

España triunfó en la Copa Mundial Femenina de la FIFA 2023™ tras vencer a Inglaterra 1-0 en la final.

VIGENTE CAMPEONA
🇪🇸 ESPAÑA	

MÁS VICTORIAS
🇺🇸 EE. UU.	4

MÁS PARTICIPACIONES
🇧🇷 BRASIL	
🇩🇪 ALEMANIA	
🇯🇵 JAPÓN	
🇳🇬 NIGERIA	9
🇳🇴 NORUEGA	
🇸🇪 SUECIA	
🇺🇸 EE. UU.	

DATOS DEL TORNEO

COPA MUNDIAL FEMENINA	AÑO	PAÍS ANFITRIÓN	Nº DE EQUIPOS
PRIMERA EDICIÓN	1991	CHINA	12
ÚLTIMA EDICIÓN	2023	AUS./N. ZELANDA	32
PRÓXIMA EDICIÓN	2027	POR CONFIRMAR*	32

*Desconocido en el momento de la publicación.

LAS LÍDERES FEMENINAS

La selección de EE. UU. es la que más éxitos ha cosechado en la Copa Mundial Femenina de la FIFA™, un trofeo que ha ganado cuatro veces, todo un récord. Su primer título llegó en la primera edición, en China, en 1991, donde derrotaron a Noruega por 2-1 en la final.

9 EDICIÓN MÁS RECIENTE

La Copa Mundial Femenina de la FIFA Australia/Nueva Zelanda 2023™ fue la novena vez que se jugó el torneo. Antes de eso, se habían celebrado torneos no oficiales en 1970 y 1971, en una época en la que varios países habían eliminado las prohibiciones sobre el fútbol femenino. La FIFA celebró su primera Copa Mundial Femenina ™ en 1991 en China, y participaron 12 equipos.

16 TALENTO JOVEN

Casey Phair es la mujer más joven que ha jugado en una Copa Mundial Femenina de la FIFA ™. Tenía 16 años y 28 días cuando jugó con Corea del Sur contra Colombia en 2023.

17 LA CHICA DE ORO

La brasileña Marta ha marcado más goles en la Copa Mundial de la FIFA que cualquier otro jugador, hombre o mujer. Ha anotado un récord de 17 tantos en seis torneos.

2 DOBLE GANADORA

Jill Ellis es la única entrenadora que ha guiado a su equipo hasta la gloria en la Copa Mundial Femenina de la FIFA™ dos veces. Ganó dos títulos consecutivos con EE. UU. en 2015 y 2019.

32 JUEGO GLOBAL

Equipos de las seis confederaciones (ver las páginas 12-13) de todo el mundo pelearon por conseguir una de las 32 plazas para la mayor Copa Mundial Femenina de la FIFA™, que se celebró en 2023. En ediciones anteriores hubo 24 equipos.

7 LA FANTÁSTICA FORMIGA

Formiga es otra jugadora brasileña que bate récords. La centrocampista ha representado a Brasil en la fase final de siete Copas Mundiales Femeninas de la FIFA™.

MÁXIMAS GOLEADORAS DE LA HISTORIA DEL TORNEO

JUGADORA		GOLES	AÑO
MARTA	🇧🇷	17	2003, 2007, 2011, 2015, 2019, 2023
BIRGIT PRINZ	🇩🇪	14	1995, 1999, 2003, 2007, 2011
ABBY WAMBACH	🇺🇸	14	2003, 2007, 2011, 2015
MICHELLE AKERS	🇺🇸	12	1991, 1995, 1999
CRISTIANE	🇧🇷	11	2003, 2007, 2011, 2015, 2019
SUN WEN	🇨🇳	11	1991, 1995, 1999, 2003
BETTINA WIEGMANN	🇩🇪	11	1991, 1995, 1999, 2003

JUEGOS OLÍMPICOS (TORNEO MASCULINO)

El fútbol masculino apareció por primera vez en los Juegos Olímpicos de verano en 1900, aunque la FIFA no reconoció la competición como torneo oficial hasta los Juegos de Londres en 1908. La carrera para clasificarse es dura, ya que solo hay 16 plazas para equipos de todo el mundo.

Brasil saluda a la multitud tras ganar la medalla de oro de fútbol en los Juegos de Río 2016. Consiguieron defender el título cinco años después en Tokio 2020.

VIGENTE CAMPEONA	
BRASIL	
MÁS VICTORIAS	
HUNGRÍA / GRAN BRETAÑA	3
MÁS PARTICIPACIONES	
ITALIA	15

TALENTO JOVEN

Hasta 1984, solo se permitía competir en el torneo a los jugadores *amateur*. Ahora, pueden jugar profesionales, pero los equipos deben estar formados sobre todo por jugadores de menos de 23 años. Estrellas como Lionel Messi y Sergio Agüero (abajo) se hicieron famosos en el fútbol mundial en los Juegos Olímpicos.

*El evento se celebró en 2021 por la pandemia de COVID-19.

DATOS DEL TORNEO

JUEGOS OLÍMPICOS	AÑO	PAÍS ANFITRIÓN	PAÍSES
PRIMERA EDICIÓN	1900	FRANCIA	3
ÚLTIMA EDICIÓN	2020*	JAPÓN	16
PRÓXIMA EDICIÓN	2024	FRANCIA	16

64 BRASIL HACE HISTORIA

Sesenta y cuatro años después de su primera participación en unos Juegos Olímpicos (1952), Brasil logró por fin el oro cuando fue el país anfitrión de las Olimpiadas en 2016. En la final frente a Alemania, Neymar Jr. marcó el gol de la victoria en la tanda de penaltis para que Brasil entrase al fin en la historia.

LAS DIEZ ÚLTIMAS MEDALLISTAS DE ORO

CIUDAD ANFITRIONA	AÑO	GANADORA
TOKYO	2020*	BRASIL
RÍO	2016	BRASIL
LONDRES	2012	MÉXICO
PEKÍN	2008	ARGENTINA
ATENAS	2004	ARGENTINA
SÍDNEY	2000	CAMERÚN
ATLANTA	1996	NIGERIA
BARCELONA	1992	ESPAÑA
SEÚL	1988	URSS
LOS ÁNGELES	1984	FRANCIA

*El evento se celebró en 2021 por la pandemia de COVID-19.

13 TIRADOR CON PUNTERÍA

El danés Sophus Nielsen es quien ha marcado más goles en la historia del torneo olímpico masculino con 13 tantos, un número nada desafortunado (en los Juegos de 1908 y 1912).

Lionel Messi (derecha) lideró a Argentina hacia su segunda medalla de oro consecutiva tras una campaña en los Juegos Olímpicos de 2008 en la que se mantuvo invicta.

3 ESTÁNDAR DE ORO

El combinado de Hungría, ganador de tres medallas de oro, en 1952, 1964 y 1968, es conocido como "Equipo de oro" en el fútbol olímpico. Brilló en el torneo de 1952, donde estuvo liderado por el legendario capitán Ferenc Puskás (izquierda).

2 ASES AFRICANOS

Nigeria y Camerún son los dos únicos equipos africanos que han logrado el oro olímpico. Nigeria derrotó a Argentina por 3-2 en los Juegos de 1996 y Camerún venció a España en la tanda de penaltis en los Juegos de Sídney en el año 2000.

JUEGOS OLÍMPICOS (TORNEO FEMENINO)

Introducido en 1996, el torneo femenino ha ido ganando popularidad como evento olímpico. Al no tener restricciones de edad, las mejores futbolistas del mundo suelen darse cita en los Juegos.

LAS CHICAS DE ORO ESTADOUNIDENSES

Al haber ganado cuatro de los siete últimos torneos femeninos de fútbol en los Juegos Olímpicos, EE. UU. ha establecido el estándar de oro. En los Juegos de Londres en 2012, se enfrentó a Japón, que antes le había ganado en la tanda de penaltis en la Copa Mundial Femenina de la FIFA™ 2011. Dos goles de Carli Lloyd dieron a EE. UU. su cuarto oro olímpico, todo un récord, ante 80.000 personas en un Estadio Wembley abarrotado.

VIGENTE CAMPEONA
- CANADÁ

MÁS VICTORIAS
- EE. UU. — 4

MÁS PARTICIPACIONES
- BRASIL
- SUECIA
- EE. UU. — 7

DATOS DEL TORNEO

*El evento se celebró en 2021 por la pandemia de COVID-19.

JUEGOS OLÍMPICOS	AÑO	PAÍS ANFITRIÓN	N° DE EQUIPOS
PRIMERA EDICIÓN	1996	EE. UU.	8
ÚLTIMA EDICIÓN	2020*	JAPÓN	12
PRÓXIMA EDICIÓN	2024	FRANCIA	12

14 SIGUE A LA LÍDER

La brasileña Cristiane es la máxima goleadora de la competición con 14 goles, marcados a lo largo de cuatro Juegos Olímpicos (2004, 2008, 2012 y 2016).

MEDALLISTAS DE ORO

JUEGOS OLÍMPICOS	AÑO	GANADORA
TOKYO	2020*	CANADÁ
RÍO	2016	ALEMANIA
LONDRES	2012	EE. UU.
PEKÍN	2008	EE. UU.
ATENAS	2004	EE. UU.
SÍDNEY	2000	NORUEGA

*El evento se celebró en 2021 por la pandemia de COVID-19.

7 LEYENDA VIVA

Además de sus logros en la Copa Mundial Femenina de la FIFA™, la centrocampista brasileña Formiga también ha marcado un récord al jugar en siete Juegos Olímpicos, entre 1996 y 2021 (edición de 2020).

2 LAS MEJORES DE EUROPA

Solo dos equipos europeos, Noruega y Alemania, han ganado el oro olímpico hasta ahora. Suecia tiene dos medallas de plata, mientras que Alemania ha conseguido la medalla de bronce tres veces.

101 FESTIVAL DE GOLES

En los Juegos de 2020 (celebrados en 2021), el fútbol femenino vio un total de 101 disparos que acabaron en la red, todo un récord en unas Olimpiadas.

2 SUPERSUECA

La sueca Pia Sundhage es la única entrenadora que ha ganado dos medallas de oro olímpicas al llevar a EE. UU. a la victoria dos veces. Pia, que fue una jugadora legendaria para Suecia, entrena ahora a Brasil.

TEAM GB

Aunque los equipos de Inglaterra, Gales, Escocia e Irlanda del Norte juegan como países independientes en otros torneos internacionales, estas naciones compitieron como Gran Bretaña en sus primeros Juegos Olímpicos en 2012. El equipo llegó a los cuartos de final, donde acabó cayendo ante Canadá, y en Tokio 2020 volvió a llegar a cuartos de final.

CAMPEONATO DE EUROPA DE LA UEFA

Este torneo, más conocido como Eurocopa, ofrece a los equipos europeos la oportunidad de demostrar que son la mejor nación del continente. El Campeonato de Europa de la UEFA se celebra cada cuatro años y ha pasado de contar con cuatro equipos a incluir a las 24 mejores selecciones de Europa.

ITALIA CONQUISTA WEMBLEY

Capitaneada por Giorgio Chiellini (derecha), Italia triunfó en la Eurocopa de 2020 y ganó el trofeo por segunda vez en su historia. En la final jugó contra Inglaterra en el Estadio Wembley de Londres. Con el partido empatado a uno tras la prórroga, Italia venció a los locales 3-2 en los penaltis.

VIGENTE CAMPEONA
🇮🇹	ITALIA

MÁS VICTORIAS
🇩🇪	ALEMANIA	
🇪🇸	ESPAÑA	3

MÁS PARTICIPACIONES
🇩🇪	REPÚBLICA FEDERAL DE ALEMANIA/ALEMANIA	13

DATOS DEL TORNEO

*El evento se celebró en 2021 por la pandemia de COVID-19.

EUROCOPA	AÑO	PAÍS ANFITRIÓN		Nº DE EQUIPOS
PRIMERA EDICIÓN	1960	FRANCIA	🇫🇷	4
ÚLTIMA EDICIÓN	2020*	EUROPA	🇪🇺	24
PRÓXIMA EDICIÓN	2024	ALEMANIA	🇩🇪	24

Berti Vogts es el único hombre que ha ganado el Campeonato de Europa de la UEFA como jugador (República Federal de Alemania, 1972) y como entrenador (Alemania, 1996).

UNA CELEBRACIÓN EUROPEA

La 16ª edición del torneo se retrasó un año debido a la pandemia mundial de COVID-19. Once naciones actuaron como anfitrionas conjuntas de la competición en 2021, en la que se invitó a los aficionados a celebrar los 60 años desde el primer Campeonato de Europa. El Estadio Wembley, en Londres fue el escenario de la final entre Inglaterra e Italia.

14 REY DEL GOL

Cristiano Ronaldo es el máximo goleador del torneo, con 14 goles en 5 competiciones. También ha marcado un récord de 31 goles en las fases clasificatorias de los cinco torneos en los que ha jugado.

67 GOL TEMPRANO

El gol más rápido de la historia se produjo en la UEFA EURO 2004, cuando el ruso Dmitri Kirichenko marcó a los 67 segundos del inicio frente a Grecia.

10 DIEZ PERFECTO

Diez países diferentes han ganado el famoso Trofeo Henri Delaunay hasta ahora, y solo hay dos naciones de Europa del Este (la antigua Unión Soviética en 1960 y Checoslovaquia en 1976) entre las ganadoras.

1 HÉROES DE EUROPA

Grecia (abajo) causó un *shock* tremendo al derrotar a la anfitriona Portugal para ganar su primer (y, de momento, único) trofeo en la UEFA EURO 2004. Un solitario gol de Angelos Charisteas en la final bastó para que el nombre de Grecia quedase grabado en el trofeo para siempre.

CAMPEONATO DE EUROPA DE LA UEFA FEMENINO

La edición femenina del Campeonato Europeo de la UEFA arrancó en 1984. Al principio, la competición era bienal y solo participaban cuatro equipos. Dieciséis naciones se clasifican para el torneo moderno, que se celebra cada cuatro años desde 1997.

VICTORIA EN CASA

Holanda (abajo) ganó su primer Campeonato de Europa Femenino cuando fue anfitriona en 2017. Tras derrotar a Dinamarca por 4-2 en la final, sus aficionados pintaron la ciudad de naranja. Aproximadamente la mitad del país vio la final por televisión; la popularidad del fútbol femenino se disparó en Holanda y las jugadoras se convirtieron en celebridades tras su triunfo.

VIGENTE CAMPEONA
- INGLATERRA

MÁS VICTORIAS
- REPÚBLICA FEDERAL DE ALEMANIA/ALEMANIA — 8

MÁS PARTICIPACIONES
- ITALIA
- NORUEGA — 12

DATOS DEL TORNEO

*Evento pospuesto hasta 2022 debido al brote global del virus COVID-19 en 2020.

EUROCOPA FEMENINA	AÑO	PAÍS ANFITRIÓN	Nº DE EQUIPOS
PRIMERA EDICIÓN	1984	EUROPA	4
ÚLTIMA EDICIÓN	2022*	INGLATERRA	16
PRÓXIMA EDICIÓN	2025	SUIZA	16

La inglesa Beth Mead ganó la Bota de Oro de adidas en la Eurocopa Femenina de la UEFA EURO 2022.

La anfitriona de la Eurocopa Femenina de la UEFA 2017, Holanda, agotó las entradas para todos sus partidos en el torneo. Los seis encuentros tuvieron un total de 110.897 espectadores.

MÁXIMAS GOLEADORAS DE LA EUROCOPA FEMENINA

JUGADORA		GOLES	AÑO
BETH MEAD	🏴󠁧󠁢󠁥󠁮󠁧󠁿	6	2022
ALEXANDRA POPP	🇩🇪	6	2022
JODIE TAYLOR	🏴󠁧󠁢󠁥󠁮󠁧󠁿	5	2017
LOTTA SCHELIN	🇸🇪	5	2013
INKA GRINGS	🇩🇪	6	2009
INKA GRINKS	🇩🇪	4	2005

LA GLORIA DE ALEMANIA

Alemania, coronada como campeona europea ocho veces, ha sido brillante en el Campeonato de Europa Femenino de la UEFA. Ganó la competición seis veces seguidas entre 1995 y 2013, que también es el año de su victoria más reciente. Es el país que ha jugado más partidos (40) y, además, el que tiene más victorias (31).

5 CINCO VECES
La delantera alemana Birgit Prinz ganó cinco títulos de la Eurocopa durante la edad de oro de Alemania. La portera Nadine Angerer ostenta el mismo récord, aunque en tres de esas victorias fue suplente.

95 GOLES A TUTIPLÉN
La Eurocopa Femenina de la UEFA 2022 en Inglaterra fue un espectáculo para los aficionados, ya que entre todos los equipos marcaron 95 goles, el mayor número de tantos marcados en un torneo de la Eurocopa.

5 LAS CINCO FANTÁSTICAS
Cinco naciones diferentes han ganado el título desde que se celebró el primer torneo: Suecia, Noruega, Alemania*, Holanda e Inglaterra.

18 TRES GOLES
La sueca Lena Videkull solo tardó 18 minutos en marcar el *hat-trick* más rápido de la historia del torneo en 1995 contra la vecina Noruega.

*Alemania Occidental ganó la edición de 1989.

CONMEBOL COPA AMÉRICA

La Copa América es el torneo internacional más grande de Sudamérica. Es la competición entre selecciones más antigua del mundo del fútbol y se celebró por primera vez en 1916.

> Más de 148.000 espectadores vieron a Brasil derrotar a Uruguay en el partido decisivo del torneo de 1989 en Río de Janeiro. Hoy, el Estadio de Maracaná "solo" puede acoger a 79.000 aficionados.

Argentina celebra la victoria sobre la anfitriona, Brasil, en la final de la Copa América 2021 en el Estadio de Maracaná en Río.

VIGENTE CAMPEONA

🇦🇷	ARGENTINA

MÁS VICTORIAS

🇺🇾	URUGUAY	
🇦🇷	ARGENTINA	15

MÁS PARTICIPACIONES

🇺🇾	URUGUAY	44

DATOS DEL TORNEO

COPA AMERICA	AÑO	PAÍS ANFITRIÓN		Nº DE EQUIPOS
PRIMERA EDICIÓN	1916	ARGENTINA	🇦🇷	4
ÚLTIMA EDICIÓN	2021	BRASIL	🇧🇷	10
PRÓXIMA EDICIÓN	2024	EE. UU.	🇺🇸	16

3 TRIPLE FALLO

En 1999, el delantero argentino Martín Palermo se hizo un hueco indeseado en el folclore futbolístico (y en el Libro Guinness de los Récords). Falló tres penaltis en un solo partido, en un encuentro de la fase de grupos frente a Colombia.

2001 VICTORIA FAMOSA

Cuando Honduras sustituyó a Argentina en la Copa América de 2001 en Colombia, su modesta selección llegó al país solo unas horas antes de que empezase su primer partido. Ganar por sorpresa a Brasil en los cuartos de final hizo que Honduras se asegurase una victoria histórica, ya que los donnadies acabaron terceros.

17 REYES DE COPAS

El argentino Norberto Méndez y el brasileño Zizinho son los máximos goleadores de la Copa América; han marcado 17 goles cada uno.

COPA AMÉRICA FEMENINA

Creada en 1991, la Copa América Femenina ofrece a los equipos femeninos la posibilidad de convertirse en campeones de Sudamérica. Solo tres naciones (Brasil, Chile y Venezuela) jugaron el primer torneo. Ahora, 10 equipos compiten por la copa cada cuatro años.

8 MUJERES MARAVILLA

Brasil ha dominado la copa, ya que ha ganado el título ocho veces de las nueve que se ha celebrado el torneo. Argentina es la única otra ganadora, que logró la victoria en 2006.

16 IMPARABLE

La brasileña Roseli tuvo una racha goleadora sin igual en la Copa América Femenina de 1998. Sus 16 goles en seis partidos son un récord que quizá no se bata nunca.

Dos goles de Mônica (izquierda, centro) en la final dieron la victoria a Brasil en la Copa América Femenina de 2019.

Un buen rendimiento en la Copa América Femenina permite a los equipos clasificarse para la Copa Mundial Femenina de la FIFA™ y los Juegos Olímpicos.

COPA ORO DE LA CONCACAF

La Copa Oro de la Concacaf (llamada Campeonato de Naciones de la Concacaf desde 1963 hasta 1989) se celebra cada dos años y es el mayor torneo internacional de la región de América del Norte, América Central y el Caribe. Desde 2019, 16 equipos se clasifican para la competición.

México celebra la victoria ante EE. UU. con la que ganó la Copa Oro de la Concacaf de 2019, lo que supuso un récord de ocho títulos.

RIVALES DUROS

La mayor rivalidad en la Concacaf es la que hay entre dos titanes, México y EE. UU. México ha ganado ocho Copas Oro, mientras que EE. UU. se ha hecho con el título seis veces, algo también impresionante. Los dos equipos se enfrentaron en la final de la competición en 2019, en la que un único gol de Jonathan Dos Santos (a la derecha del todo) catapultó a México a la gloria.

VIGENTE CAMPEONA
- MÉXICO

MÁS VICTORIAS
- MÉXICO
  - COPA ORO: 9
  - C. NACIONES DE LA CONCACAF: 3

MÁS PARTICIPACIONES
- MÉXICO: 25

DATOS DEL TORNEO

CONCACAF	AÑO	PAÍS ANFITRIÓN	Nº DE EQUIPOS
PRIMERA EDICIÓN	1963	EL SALVADOR	9
ÚLTIMA EDICIÓN	2023	CANADÁ / EE. UU.	16
PRÓXIMA EDICIÓN	2025	EE. UU.	16

3 MEJORES JEFES
El antiguo entrenador principal de EE. UU. Bruce Arena obtuvo una tercera Copa Oro de la Concacaf en 2017, todo un récord. El antiguo internacional serbio Bora Milutinović es el único entrenador que ha ganado la copa con dos equipos diferentes: EE. UU. en 1991 y México en 1996.

18 MÁQUINA DE GOLES
El delantero de EE. UU. Landon Donovan marcó un récord de 18 goles en la Copa Oro de la Concacaf, jugando con la selección de las barras y estrellas entre 2000 y 2014.

2015 LOS CHICOS DEL *REGGAE*
Jamaica hizo historia en 2015 al convertirse en la primera nación caribeña en llegar a la final de la Copa Oro. Una sorprendente victoria sobre EE. UU. en cuartos de final dio a los jamaicanos muchos fans nuevos, pese a que México se hizo finalmente con el título.

CAMPEONATO W DE CONCACAF

El trofeo más importante para las selecciones femeninas de la región es el Campeonato W de Concacaf. Muchos de estos torneos han servido como vía para que los equipos se clasifiquen para la Copa Mundial Femenina de la FIFA™.

Las jugadoras Alex Morgan y Carli Lloyd celebran el gol de la victoria de EE. UU. sobre Canadá en 2018.

1991 LOS INICIOS
Haití albergó el primer Campeonato Femenino de la Concacaf hace casi tres décadas. Ganó EE. UU., que marcó cinco goles a Canadá en la final.

9 SOBRESALIENTE
Ningún equipo se acerca al récord de EE. UU. en la competición. Ha ganado el campeonato nueve veces, mientras que Canadá es su inmediata perseguidora con dos trofeos.

6 LA MALDICIÓN DE CANADÁ
Canadá ha acabado como subcampeona en seis ocasiones, pero estuvo cerca de ganar en 2002 (perdió por un gol de oro en la prórroga) y en 2006 (cayó a causa de un penalti en el minuto 120).

COPA AFRICANA DE NACIONES

La Copa Africana de Naciones (CAN) tiene una historia rica, que data de 1957. En el primer torneo, solo estuvieron Etiopía, Sudán y Egipto. Ahora, la competición se celebra cada dos años y participan 24 naciones africanas.

Sudáfrica alzó el trofeo en su primera participación en la CAN, en 1996. Su famoso presidente, Nelson Mandela (centro), se unió a la celebración histórica.

Desde 2013, la Copa Africana de Naciones ha pasado a celebrarse en años impares para no coincidir con la Copa Mundial de la FIFA™.

VIGENTE CAMPEONA	
SENEGAL	
MÁS VICTORIAS	
EGIPTO	7
MÁS PARTICIPACIONES	
EGIPTO	25

DATOS DEL TORNEO

*Evento pospuesto de 2021 a 2022 debido a la pandemia de COVID-19.

CAN	AÑO	PAÍS ANFITRIÓN	Nº DE EQUIPOS
PRIMERA EDICIÓN	1957	SUDÁN	3
ÚLTIMA EDICIÓN	2022*	CAMERÚN	24
PRÓXIMA EDICIÓN	2023	COSTA DE MARFIL	24

EL LEÓN DE CAMERÚN

Samuel Eto'o está considerado uno de los mejores jugadores que han participado en la competición. En sus actuaciones con Camerún, marcó un récord no superado de 18 goles en seis ediciones diferentes del torneo. Eto'o ganó la CAN con Camerún dos veces, en 2000 y en 2002.

11–10
PARTIDO MEMORABLE

La final de 1992 entre Costa de Marfil y Ghana fue un partido muy emocionante que se decidió en la tanda de penaltis. Costa de Marfil acabó ganando la tanda por 11-10 y se hizo con su primer trofeo. Fue la primera vez en un partido en la que todos los jugadores del campo lanzaron un penalti en una final de un torneo internacional importante.

7 REYES EGIPCIOS

El triunfo de Egipto en 2010 hizo que ampliara su liderato en lo más alto de la tabla de campeones de la CAN. Su victoria sobre Ghana en la final supuso que ganasen la competición por séptima vez y que estableciesen un récord de tres coronas seguidas.

75.000
ÉXITO INESPERADO

Argelia se convirtió en campeona solo por segunda vez en su historia tras derrotar a Senegal en 2019. Se adelantaron muy pronto y mantuvieron su ventaja hasta hacerse con el trofeo (abajo) ante 75.000 aficionados en el Estadio Internacional del Cairo en Egipto.

9 EL RÉCORD DE MULAMBA

En la edición de 1974, el zaireño Ndaye Mulamba encontró red nueve veces. Es el mayor número de goles marcados por un jugador en un solo torneo de la CAN.

12 EDICIÓN FEMENINA

Doce naciones participan en la Copa Africana de Naciones Femenina, que se celebró por primera vez en 1991. Nigeria es la selección femenina líder, con 11 trofeos, mientras que su centrocampista Perpetua Nkwocha (derecha) ha sido la máxima goleadora del torneo en cuatro ocasiones.

COPA ASIÁTICA (AFC ASIAN CUP)

La Copa Asiática es el segundo campeonato de fútbol internacional más antiguo del mundo. La primera edición se celebró en Hong Kong en 1956, y solo participaron cuatro equipos en la fase final. Desde entonces, han ganado el trofeo nueve naciones diferentes.

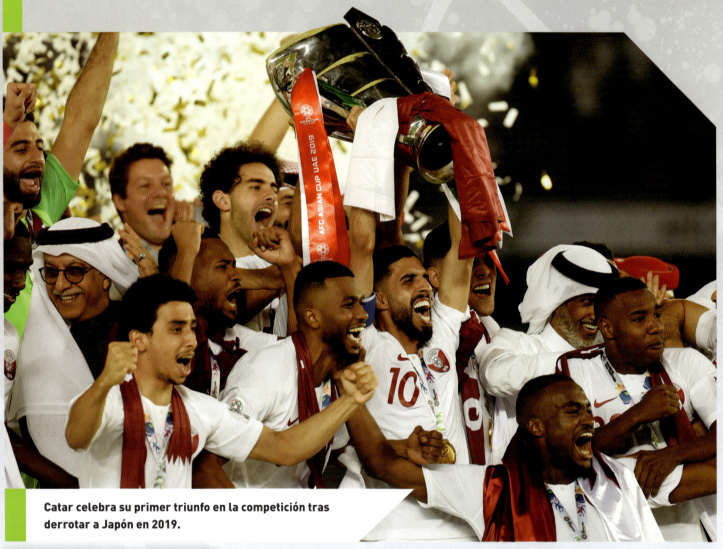

Catar celebra su primer triunfo en la competición tras derrotar a Japón en 2019.

VIGENTE CAMPEONA
CHINA

MÁS VICTORIAS
JAPÓN — 4

MÁS PARTICIPACIONES
IRÁN
COREA DEL SUR — 14

DATOS DEL TORNEO

*Evento pospuesto que se celebrará durante enero y febrero de 2024.

COPA ASIÁTICA	AÑO	PAÍS/REGIÓN ANFITRIÓN	Nº DE EQUIPOS
PRIMERA EDICIÓN	1956	HONG KONG BRITÁNICO	4
ÚLTIMA EDICIÓN	2019	EMIRATOS ÁRABES UNIDOS	24
PRÓXIMA EDICIÓN	2023*	CATAR	24

14 EL BRILLANTE DAEI
Ningún jugador ha marcado más goles en la Copa Asiática que el iraní Ali Daei (derecha). Su récord goleador es de 14 tantos.

9 EL PROLÍFICO ALI
El catarí Almoez Ali marcó nueve goles en la Copa Asiática de 2019. Tiene el récord de mayor número de goles marcados en una sola edición de la Copa Asiática.

Australia se cambió de confederación y pasó de la OFC a la AFC en 2006. Ahora, tanto la selección masculina como la femenina pueden clasificarse para jugar en la Copa Asiática. El equipo femenino fue el primero en coronarse campeón en 2010, mientras que el masculino ganó el torneo en 2015.

COPA ASIÁTICA FEMENINA

La Copa Asiática Femenina, con 12 equipos participantes (a partir de 2022), es la competición de fútbol femenino más importante de Asia. La vigente campeona es China, que ganó el título en 2022.

Las jugadoras chinas celebran con el trofeo tras vencer 3-2 a la Corea del Sur para alzarse con la corona en 2022.

16 AUSTRALIA MANDA
La selección femenina australiana ganó su primera Copa Asiática solo cuatro años después de unirse a la AFC. La delantera de dieciséis años Sam Kerr marcó primero, pero Corea del Norte igualó el marcador y forzó la prórroga y la tanda de penaltis, en la que Australia ganó por 5-4.

9 DOMINIO DEL LEJANO ORIENTE
La competición ha estado dominada por países de la Costa del Pacífico. La selección femenina de China ha ganado nueve veces, en las que se incluye una racha de siete victorias consecutivas.

60 TIEMPO DE PARTIDO
Entre 1975 y 1981, los partidos de la Copa Asiática Femenina duraban solo 60 minutos. Desde 2014, la competición ha servido como torneo clasificatorio para la Copa Mundial Femenina de la FIFA™.

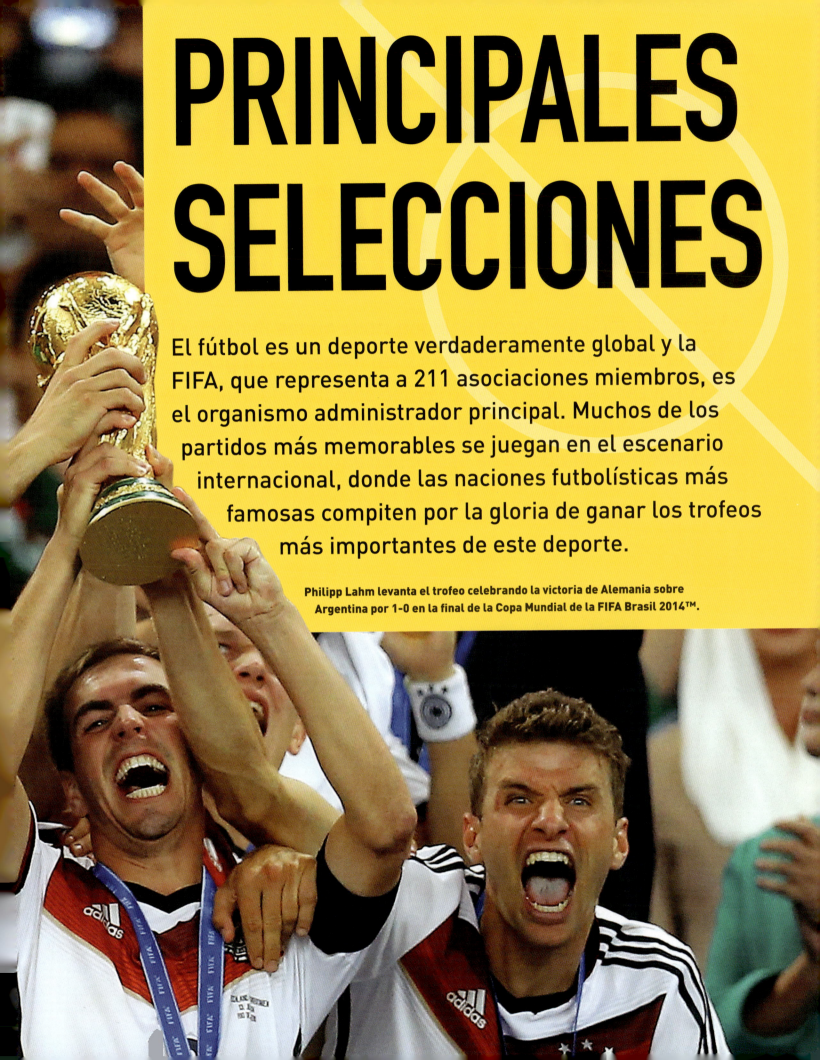

PRINCIPALES SELECCIONES

El fútbol es un deporte verdaderamente global y la FIFA, que representa a 211 asociaciones miembros, es el organismo administrador principal. Muchos de los partidos más memorables se juegan en el escenario internacional, donde las naciones futbolísticas más famosas compiten por la gloria de ganar los trofeos más importantes de este deporte.

Philipp Lahm levanta el trofeo celebrando la victoria de Alemania sobre Argentina por 1-0 en la final de la Copa Mundial de la FIFA Brasil 2014™.

REGIÓN UEFA

🏴󠁧󠁢󠁥󠁮󠁧󠁿 INGLATERRA (MASCULINA)

Inglaterra jugó el primer partido internacional oficial en 1872, contra Escocia en Partick. La única victoria de la selección inglesa, apodada los Tres leones, llegó en 1966, cuando ganó la Copa Mundial de la FIFA™ en suelo nacional.

Alineación de Inglaterra antes de su partido de cuartos de final de la Copa Mundial de la FIFA Catar 2022™ contra Francia.

Hasta ahora, 143 clubes han aportado jugadores al combinado nacional. El Tottenham Hotspur, del norte de Londres, es el que más ha aportado, 78.

DATOS DE LA SELECCIÓN

SE UNIÓ A LA FIFA:	1905
MEJOR CLASIFICACIÓN MUNDIAL FIFA/COCA-COLA:	1
ESTADIO:	Estadio Wembley (Londres)
PALMARÉS:	COPA Mundial de la FIFA 1966 (campeona)
APARICIONES EN LA COPA MUNDIAL DE LA FIFA™:	16
APARICIONES CAMP. DE EUROPA DE LA UEFA:	10

GOLEADORES

1.	HARRY KANE	58
2.	WAYNE ROONEY	53
3.	BOBBY CHARLTON	49
4.	GARY LINEKER	48
5.	JIMMY GREAVES	44

CHICOS HISTÓRICOS

Inglaterra logró una famosa victoria en la Copa Mundial de la FIFA™ en 1966, jugada en Wembley. Geoff Hurst se convirtió en el único en hacer un *hat-trick* en una final de la Copa Mundial de la FIFA™, e Inglaterra derrotó a la República Federal de Alemania por 4-2 tras la prórroga. El capitán Bobby Moore alzó la Copa Jules Rimet para regocijo de los aficionados.

EL LEÓN LÍDER

El delantero Gary Lineker ostenta el récord de Inglaterra de más goles marcados en la Copa Mundial de la FIFA™ con diez tantos sumados en los torneos de 1986 y 1990. Su instinto goleador le permitió conseguir la Bota de Oro de adidas en la Copa Mundial de la FIFA México 1986™, con seis goles.

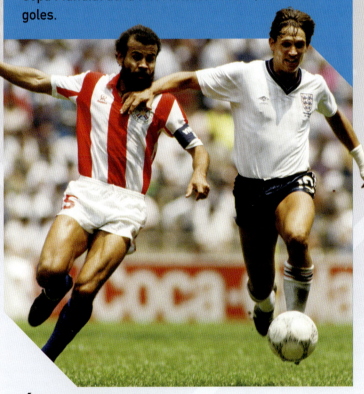

EL REY KANE

El delantero Harry Kane es el máximo goleador de la historia de Inglaterra con 58 goles. En la Copa Mundial de la FIFA Catar™, Kane marcó el primer *hat-trick* de su país en un mundial desde 1986 y acabó anotando seis goles en total, lo que le dio la Bota de Oro de adidas, emulando el logro conseguido por Gary Lineker 32 años antes.

MÁS APARICIONES

1.	PETER SHILTON	125
2.	WAYNE ROONEY	120
3.	DAVID BECKHAM	115
4.	STEVEN GERRARD	114
5.	BOBBY MOORE	108

REGIÓN UEFA

🏴󠁧󠁢󠁥󠁮󠁧󠁿 INGLATERRA (FEMENINA)

Inglaterra está entre los mejores equipos del mundo y ha participado en la fase final de la Copa Mundial Femenina de la FIFA™ seis veces y llegaron a la final en 2023. Las Leonas jugaron el partido inaugural del Campeonato de Europa Femenino de la UEFA en 1984 y ganaron el trofeo en 2022, en su casa.

> El primer partido de fútbol femenino oficial en Inglaterra se disputó el 23 de marzo de 1895. El norte derrotó al sur por 7-1.

Inglaterra triunfó en la EURO Femenina de la UEFA en 2022 tras derrotar a Alemania 2-1 en la final.

DATOS DE LA SELECCIÓN

MEJOR CLASIFICACIÓN MUNDIAL FEMENINA FIFA/COCA-COLA: 2
PALMARÉS: Copa Mundial Femenina de la FIFA 2015 (tercer puesto); EURO Femenina de la UEFA 2022 (campeona)
APARICIONES EN LA COPA MUNDIAL DE LA FIFA™: 6
APARICIONES EN EL CAMPEONATO DE EUROPA DE LA UEFA: 9
APARICIONES EN LOS JUEGOS OLÍMPICOS: 1 (parte del *Team GB*)

GOLEADORAS

1. ELLEN WHITE	52
2. KELLY SMITH	46
3. KERRY DAVIS	44
4. KAREN WALKER	40
= FARAH WILLIAMS	40

MÁS APARICIONES

1.	FARA WILLIAMS	172
2.	JILL SCOTT	161
3.	KAREN CARNEY	144
4.	ALEX SCOTT	140
5.	CASEY STONEY	130

FABULOSA FARA

La jugadora de Inglaterra que ha sido internacional más veces, la centrocampista Fara Williams (izquierda), debutó con la selección a los 17 años, en una carrera internacional que se prolongó dos décadas. Williams será recordada por marcar el penalti de la victoria cuando Inglaterra derrotó a Alemania por primera vez para lograr el tercer puesto en la Copa Mundial de la FIFA 2015™ en Canadá.

PREMIOS DE BRONZE

La defensa Lucy Bronze brilló en 2019. Ganó el Balón de Plata adidas en la Copa Mundial Femenina de la FIFA Francia 2019™ como segunda jugadora más destacada del torneo. La vicecapitana de Inglaterra es conocida por sus potentes carreras y sus espectaculares goles de volea. Ha sido internacional con su país más de 100 veces.

SENSACIÓN GOLEADORA

La delantera Ellen White está considerada como una de las mejores rematadoras que han jugado jamás con Inglaterra. Muchos de los goles de White fueron el resultado de su habilidad para colarse entre las defensas y correr por detrás de la última. White se retiró en 2022 con 113 internacionalidades y como la máxima goleadora de la historia de la selección (52 goles), tras levantar el trofeo de la EURO 2022.

REGIÓN UEFA

FRANCIA (MASCULINA)

Francia, doble campeona de la Copa Mundial de la FIFA™ y subcampeona en 2022, cuenta con un gran pedigrí futbolístico. Creada en 1904, *Les Bleus* se han clasificado para la Copa Mundial de la FIFA™ 15 veces y también ha jugado el Campeonato de Europa de la UEFA diez veces.

Francia celebra la victoria en la Copa Mundial de la FIFA™ por segunda vez en 2018.

> El portero Hugo Lloris es el jugador del equipo de Francia que más veces ha participado en la Copa Mundial de la FIFA™, 20 entre 2010 y 2022.

DATOS DE LA SELECCIÓN

SE UNIÓ A LA FIFA:	1907
MEJOR CLASIFICACIÓN MUNDIAL FIFA/COCA-COLA:	1
ESTADIO:	Estadio de Francia (París)
PALMARÉS:	Copa Mundial de la FIFA 1998, 2018 (campeona), 2022 (subcampeona); Campeonato de Europa de la UEFA 1984, 2000 (campeona); Juegos Olímpicos 1984 (oro), 1900 (plata)
APARICIONES EN LA COPA MUNDIAL DE LA FIFA™:	16
APARICIONES EN EL CAMPEONATO DE EUROPA DE LA UEFA:	9

GOLEADORES

1. OLIVIER GIROUD	54
2. THIERRY HENRY	51
3. ANTOINE GRIEZMANN	43
4. MICHEL PLATINI	41
5. KYLIAN MBAPPÉ	40

SU MAJESTAD ZIDANE

Zinedine Zidane fue un jugador muy destacado para Francia. Su capacidad táctica le permitía organizar la banda y hacer pases de precisión milimétrica. Poseía un control del balón increíble y un movimiento propio de 360 grados que usó a lo largo de su carrera. Guio a los anfitriones a la victoria en la Copa Mundial de la FIFA™ en 1998 tras marcar dos goles de cabeza en la final ante Brasil. También fue un miembro clave del equipo que llevó a *Les Bleus* a la gloria en la UEFA EURO 2000.

El centro de formación INF Clairefontaine, de fama mundial, ha sido la cantera de muchos de los mejores jugadores de Francia.

HÉROE GOLEADOR

El delantero Just Fontaine (izquierda) ostenta el récord de goles marcados en una sola Copa Mundial de la FIFA™, 13 en seis partidos en la edición de 1958. Era el único francés que había marcado un *hat trick* en el torneo hasta que Kylian Mbappé repitió la gesta en la final de la Copa Mundial de la FIFA 2022™.

TITÁN ADOLESCENTE

El delantero Kylian Mbappé ayudó a Francia a ganar su segunda Copa Mundial de la FIFA™ en 2018, marcando un gol en la final a sus 19 años. El otro adolescente que ha marcado en la final de una Copa Mundial de la FIFA™ fue Pelé. Previamente en la edición de 2018, Mbappé se convirtió en el goleador más joven de Francia en un torneo importante.

MÁS APARICIONES

1.	HUGO LLORIS	145
2.	LILIAN THURAM	142
3.	OLIVIER GIROUD	124
4.	THIERRY HENRY	123
5.	ANTOINE GRIEZMANN	121

REGIÓN UEFA

🇫🇷 FRANCIA (FEMENINA)

Aunque la liga nacional femenina se creó en 1974, *Les Bleues* (Las azules) jugaron varias veces, pero no se clasificaron para el Campeonato de Europa de la UEFA hasta 1997. Hicieron su primera aparición en la Copa Mundial Femenina de la FIFA™ en 2003.

¡La máxima goleadora de Francia en la Copa Mundial de la FIFA 2019™ fue una defensa! La defensa central Wendie Renard (n° 3) marcó cuatro veces en la competición.

Francia perdió ante la que sería campeona, EE. UU., en la Copa Mundial Femenina de la FIFA 2019™.

DATOS DE LA SELECCIÓN

- MEJOR CLASIFICACIÓN MUNDIAL FEMENINA FIFA/COCA-COLA: 3
- PALMARÉS: EURO Femenina de la UEFA 2022 (tercer puesto conjunto)
- APARICIONES EN LA COPA MUNDIAL DE LA FIFA™: 5
- APARICIONES EN EL CAMPEONATO DE EUROPA DE LA UEFA: 7
- APARICIONES EN LOS JUEGOS OLÍMPICOS: 2

GOLEADORAS

#	Nombre	Goles
1.	EUGÉNIE LE SOMMER	92
2.	MARINETTE PICHON	81
3.	MARIE-LAURE DELIE	65
4.	GAËTANE THINEY	58
5.	CAMILLE ABILY	37

LIDERAR CON EL EJEMPLO

Capitana del equipo entre 2017 y 2020, Amandine Henry fue el eje de *Les Bleues*, decisiva en las actuaciones de la selección desde el corazón del centro de campo. Ha jugado dos Copas Mundiales y el Campeonato de Europa de 2017, y ganó el Balón de Plata adidas en la Copa Mundial Femenina de la FIFA 2015™.

Selección francesa femenina, fotografiada en 1921.

LECCIÓN DE HISTORIA

La Federación Francesa de Fútbol reconoció oficialmente el fútbol femenino hace solo 50 años, en 1970, aunque las mujeres juegan al fútbol en Francia desde los años veinte. Ahora, los equipos franceses de hombres y de mujeres tienen las mismas oportunidades y comparten las famosas instalaciones de Clairefontaine.

REMATADORA TOP

La prolífica delantera Eugénie Le Sommer puede marcar con cualquiera de los dos pies y es la máxima goleadora de la historia de la selección. Tras debutar con Francia en 2009, Le Sommer puede llegar a las 200 convocatorias internacionales antes de retirarse. A nivel de clubes, ha ganado diez títulos domésticos y es una de las tres jugadoras que han ganado ocho Copas de Europa con el Lyon, todo un récord.

MÁS APARICIONES

1.	SANDRINE SOUBEYRAND	198
2.	ÉLISE BUSSAGLIA	192
3.	LAURA GEORGES	188
4.	CAMILLE ABILY/EUGÉNIE LE SOMMER	183
5.	GAËTANE THINEY	163

REGIÓN UEFA

ALEMANIA (MASCULINA)

Alemania es un gigante en el mundo del fútbol, con unos números casi perfectos en lo que respecta a las clasificaciones para la Copa Mundial de la FIFA™ y el Campeonato Europeo de la UEFA. Entre las selecciones de más éxito, es una de las tres que tienen cuatro o más estrellas de la Copa Mundial cosidas en las camisetas.

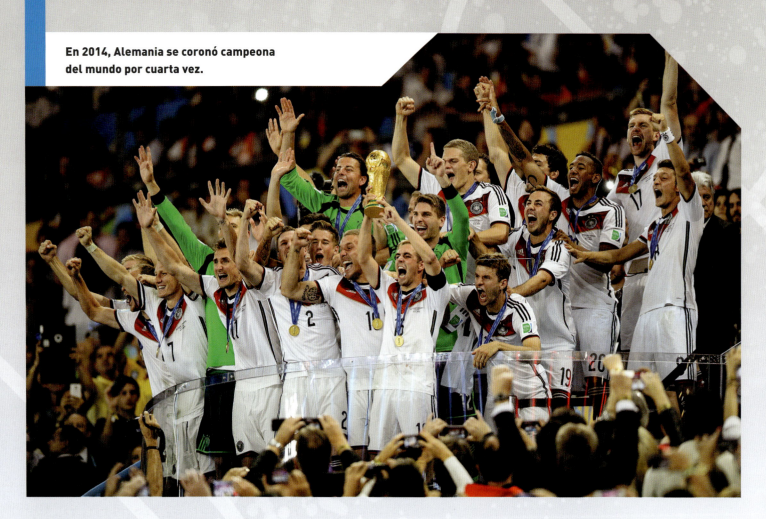

En 2014, Alemania se coronó campeona del mundo por cuarta vez.

DATOS DE LA SELECCIÓN

SE UNIÓ A LA FIFA:	1908
MEJOR CLASIFICACIÓN MUNDIAL FIFA/COCA-COLA:	1
ESTADIO:	Varios
PALMARÉS:	Copa Mundial de la FIFA 1954, 1974, 1990, 2014 (campeona); Campeonato de Europa de la UEFA 1972, 1980, 1996 (campeona)
APARICIONES EN LA COPA MUNDIAL DE LA FIFA™:	20
APARICIONES EN EL CAMPEONATO DE EUROPA DE LA UEFA:	13

GOLEADORES

1. MIROSLAV KLOSE	71
2. GERD MÜLLER	68
3. LUKAS PODOLSKI	49
4. RUDI VÖLLER	47
= JÜRGEN KLINSMANN	47

TRIUNFO UNIFICADO

El cuarto título mundial de Alemania en 2014 acabó con un periodo de 18 años sin un trofeo. Fue la primera vez que Alemania ganaba la Copa Mundial de la FIFA™ como nación unificada, tras haberse proclamado campeona del mundo en 1954, 1974 y 1990 como República Federal de Alemania. La final de 2014 estuvo cargada de tensión, y el gol de Mario Götze (debajo) en la prórroga fue decisivo frente a Argentina.

EL ALCANCE DE KLOSE

El tirador de origen polaco Miroslav Klose es el máximo goleador de la historia de Alemania, con 71 goles. También es el máximo goleador de la Copa Mundial de la FIFA™, en la que ha marcado 16 goles a lo largo de cuatro torneos (2002, 2006, 2010, 2014). Cabe destacar que Alemania nunca perdió un partido en el que marcase Klose.

LOTHAR, LA LEYENDA

Lothar Matthäus (debajo) tuvo una carrera internacional sobresaliente. Capitaneó de forma notable a la República Federal de Alemania en la Copa Mundial de la FIFA Italia 1990™, tras haber sido campeón diez años antes con el *Nationalelf* (Once Nacional). El combativo centrocampista es el jugador que más veces ha sido internacional con Alemania, con 150 apariciones en la selección.

MÁS APARICIONES

1.	LOTHAR MATTHÄUS	150
2.	MIROSLAV KLOSE	137
3.	LUKAS PODOLSKI	130
4.	BASTIAN SCHWEINSTEIGER/THOMAS MÜLLER	121
5.	MANUEL NEUER	117

REGIÓN UEFA

ALEMANIA (FEMENINA)

Alemania, la selección femenina de mayor éxito en Europa, ha ganado la Copa Mundial Femenina de la FIFA™ dos veces (2003 y 2007) y el Campeonato de Europa Femenino de la UEFA ocho veces, todo un récord. El equipo también se hizo con el oro olímpico en los Juegos de 2016 en Río.

Las alemanas lucen sus medallas de oro tras su victoria sobre Suecia en los Juegos Olímpicos de 2016.

Alemania ganó el oro olímpico en 2016, tras tres medallas de bronce consecutivas en el torneo femenino de los Juegos Olímpicos en 2000, 2004 y 2008.

DATOS DE LA SELECCIÓN

MEJOR CLASIFICACIÓN MUNDIAL FEMENINA FIFA/COCA-COLA: 1	
PALMARÉS: Copa Mundial Femenina de la FIFA 2003, 2007 (campeona); Campeonato de Europa Femenino de la UEFA 1989, 1991, 1995, 1997, 2001, 2005, 2009, 2013 (campeona); Juegos Olímpicos 2016 (oro), 2000, 2004, 2008 (bronce)	
APARICIONES EN LA COPA MUNDIAL DE LA FIFA™: 9	
APARICIONES EN EL CAMPEONATO DE EUROPA DE LA UEFA: 11	
APARICIONES EN LOS JUEGOS OLÍMPICOS: 5	

GOLEADORAS

1.	BIRGIT PRINZ	128
2.	HEIDI MOHR	83
3.	INKA GRINGS	64
4.	CÉLIA ŠAŠIĆ	63
5.	ALEXANDRA POPP	66

DOBLE CORONA

En 2007, Alemania entró en la Copa Mundial Femenina de la FIFA™ como campeona de la edición anterior. Liderada por Birgit Prinz, la selección fue superior a sus oponentes en todos los partidos en su camino a la final, donde se enfrentó a Brasil. La portera legendaria Nadine Angerer paró un penalti, y Alemania selló su victoria sin haber encajado ni un solo gol en todo el torneo.

SUPERDELANTERA

Birgit Prinz (arriba) es la chica de oro de Alemania. La delantera ganó dos Copas Mundiales Femeninas de la FIFA™, cinco Campeonatos de Europa Femeninos de la UEFA y tres medallas de bronce olímpicas con la selección. Prinz debutó a los 16 años en 1994 y es la jugadora femenina con más apariciones internacionales de Europa. Sigue manteniendo el récord como máxima goleadora de Alemania tras firmar 128 goles.

EL ASCENSO DE ALEMANIA

Al igual que ha ocurrido con Inglaterra, el fútbol femenino alemán ha tenido altibajos. En 1955, la Federación Alemana de Fútbol prohibió a sus clubes que permitiesen jugar a las mujeres en la República Federal de Alemania, una prohibición que duró hasta 1970. La selección nacional jugó su primer partido en 1982 y, finalmente, debutó (como República Federal de Alemania) en el Campeonato de Europa Femenino de la UEFA de 1989, que acabó ganando.

Alineación del equipo alemán antes de su partido de semifinales contra Italia en el Campeonato de Europa Femenino de la UEFA en 1989.

MÁS APARICIONES

1.	BIRGIT PRINZ	214
2.	KIRSTIN STEGEMANN	191
3.	ARIANE HINGST	174
4.	ANJA MITTAG	158
5.	BETTINA WIEGMANN	154

REGIÓN UEFA

🇮🇹 ITALIA (MASCULINA)

Italia, cuatro veces campeona de la Copa Mundial de la FIFA™, está a solo una victoria del récord de Brasil, y también ganó el Campeonato de Europa de la UEFA en 1968. La selección, apodada los *Azzurri*, jugó su primer partido hace más de un siglo, en 1910, contra Francia.

El capitán Fabio Cannavaro levanta el trofeo después de que Italia derrotase a Francia en los penaltis de Copa Mundial de la FIFA Alemania 2006™.

Italia juega de azul (*azzurro* en italiano). El color se asocia con la dinastía real que unificó Italia en 1861.

DATOS DE LA SELECCIÓN

SE UNIÓ A LA FIFA:	1910
MEJOR CLASIFICACIÓN MUNDIAL FIFA/COCA-COLA:	1
ESTADIO:	Estadio Olímpico (Roma)
PALMARÉS:	Copa Mundial de la FIFA 1934, 1938, 1982, 2006 (campeona); Campeonato de Europa de la UEFA 1968, 2021 (EURO 2020) (campeona)
APARICIONES EN LA COPA MUNDIAL DE LA FIFA™:	18
APARICIONES EN EL CAMPEONATO DE EUROPA DE LA UEFA:	10

GOLEADORES

1.	LUIGI RIVA	35
2.	GIUSEPPE MEAZZA	33
3.	SILVIO PIOLA	30
4.	ROBERTO BAGGIO	27
=	ALESSANDRO DEL PIERO	27

POZZO, EL PIONERO

El entrenador italiano Vittorio Pozzo (derecha, sosteniendo el trofeo), es el único entrenador principal del fútbol masculino que ha ganado la Copa Mundial de la FIFA™ dos veces, en 1934 y 1938. Entre estas dos victorias, logró una medalla de oro en los Juegos Olímpicos de 1936 en Berlín. Pozzo está considerado como un pionero del fútbol mundial y se le veía como un experto estratega.

LIDERAR DESDE ATRÁS

El legendario portero italiano Gianluigi Buffon (izquierda) está considerado como uno de los porteros de más talento de la historia del fútbol. Tiene el récord de número de apariciones con Italia con 176 convocatorias y formó parte de la selección en cinco Copas Mundiales de la FIFA™ (campeón en 2006), cuatro Campeonatos de Europa de la UEFA y los Juegos Olímpicos de 1996.

CAPITÁN CENTURIÓN

El defensa central Cannavaro (abajo) lideró a Italia hasta la victoria en la Copa Mundial de la FIFA Alemania 2006™, la última vez que ganaron el trofeo. Fue elegido Jugador Mundial de la FIFA ese mismo año y se convirtió en el primer defensa en lograr el galardón. Cannavaro jugó con los *Azzurri* 136 veces, un récord de convocatorias para un jugador de campo.

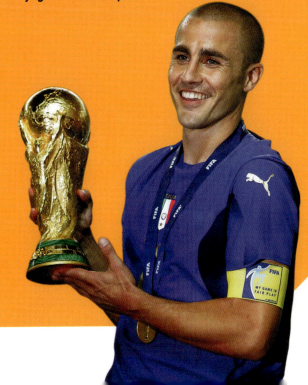

MÁS APARICIONES

1.	GIANLUIGI BUFFON	176
2.	FABIO CANNAVARO	136
3.	PAOLO MALDINI	126
4.	LEONARDO BONUCCI	121
5.	DANIELE DE ROSSI	117

REGIÓN UEFA

HOLANDA (MASCULINA)

La *Oranje* ("naranja" en holandés) es conocida por su divertida marca de "fútbol total", en la que todos los jugadores deben tener grandes habilidades técnicas. El único trofeo importante que ha ganado fue el Campeonato de Europa de 1988, aunque ha sido subcampeona de la Copa Mundial de la FIFA™ en tres ocasiones.

El equipo holandés que acabó subcampeón en la final de la UEFA Nations League en 2019.

DATOS DE LA SELECCIÓN

SE UNIÓ A LA FIFA:	1905
MEJOR CLASIFICACIÓN MUNDIAL FIFA/COCA-COLA:	1
ESTADIO:	Johan Cruyff Arena (Ámsterdam)
PALMARÉS:	Copa Mundial de la FIFA 1974, 1978, 2010 (subcampeona); Campeonato de Europa de la UEFA 1988 (campeona)
APARICIONES EN LA COPA MUNDIAL DE LA FIFA™:	11
APARICIONES EN EL CAMPEONATO DE EUROPA DE LA UEFA:	10

GOLEADORES

1. ROBIN VAN PERSIE	50
2. MEMPHIS DEPAY	44
3. KLASS-JAN HUNTELAAR	42
4. PATRICK KLUIVERT	40
5. DENNIS BERGKAMP = ARJEN ROBBEN	37

Mark van Bommel, triste tras la derrota de Holanda en la final de la Copa Mundial de la FIFA™ en 2010.

MAESTRO HOLANDÉS

Johan Cruyff (abajo) es un icono del fútbol. Su estilo de juego y su filosofía del fútbol han inspirado a muchos jugadores y entrenadores famosos del mundo futbolístico. Este hábil atacante jugó para su país 48 veces y marcó 33 goles. Su famoso truco, *"Cruyff turn"*, desconcertaba a los defensas y entusiasmaba al público en todo el mundo.

FRUSTRACIÓN FINAL

Holanda estuvo muy cerca de convertirse en campeona del mundo en 2010. Estaba en una forma excelente y ganó todos sus partidos hasta la final, en la que se enfrentó a España. Tras 90 minutos de igualdad, el español Andrés Iniesta marcó en la segunda parte de la prórroga y rompió los corazones holandeses.

EL RÉCORD DE ROBIN

El delantero zurdo Robin van Persie (abajo, derecha) es el máximo goleador de Holanda, con 50 tantos en 102 partidos con la selección. El holandés volador representó a su país en la Copa Mundial de la FIFA™ en 2006, 2010 y 2014 y en el Campeonato de Europa de la UEFA en 2008 y 2012.

MÁS APARICIONES

1. WESLEY SNEIJDER	134
2. EDWIN VAN DER SAR	130
3. FRANK DE BOER	112
4. RAFAEL VAN DER VAART	109
5. GIOVANNI VAN BRONCKHORST	106

REGIÓN UEFA

HOLANDA (FEMENINA)

La popularidad del fútbol femenino estalló en Holanda tras la inesperada victoria de las Leonas naranjas en el Campeonato de Europa Femenino de la UEFA 2017. El equipo holandés continuó esa racha de éxito al llegar a la final de la Copa Mundial Femenina de la FIFA 2019™ en Francia dos años después.

> El fútbol femenino es el deporte con un crecimiento más rápido en Holanda, con más de 160.000 jugadoras federadas*.

El equipo holandés antes de la final de la Copa Mundial Femenina de la FIFA 2019™.

DATOS DE LA SELECCIÓN

- **MEJOR CLASIFICACIÓN MUNDIAL FEMENINA FIFA/COCA-COLA:** 2
- **PALMARÉS:** Campeonato de Europa Femenino de la UEFA 2017 (campeona); Copa Mundial Femenina de la FIFA 2019 (subcampeona)
- **APARICIONES EN LA COPA MUNDIAL DE LA FIFA™:** 3
- **APARICIONES EN EL CAMPEONATO DE EUROPA DE LA UEFA:** 4
- **APARICIONES EN LOS JUEGOS OLÍMPICOS:** 1

GOLEADORAS

1.	VIVIANNE MIEDEMA	95
2.	MANON MELIS	60
3.	LIEKE MARTENS	57
4.	SHERIDA SPITSE	44
5.	DANIËLLE VAN DE DONK	35

*Según el informe Fútbol femenino: encuesta a las federaciones miembro publicado por la FIFA en 2019.

AFICIÓN FIEL

Legiones de aficionados holandeses han apoyado a las Leonas naranjas en su rápido ascenso en los últimos años. Miles de personas celebraron la victoria de Holanda en el Campeonato de Europa Femenino de la UEFA 2017. La final contra EE. UU. en 2019 atrajo a una audiencia televisiva de más de 82 millones y la vieron más de 5,5 millones en Holanda, lo que supuso alrededor del 88 por ciento de las personas con acceso a televisión.

LÍDER DURADERA

Con más de dos centenares de apariciones internacionales, la centrocampista defensiva Sherida Spitse ha sido un nombre habitual en el equipo holandés desde su debut contra Inglaterra en 2006. Es quien forma el ancla del centro de campo holandés y capitaneó al equipo hasta el título europeo en 2017.

ESTRELLA DE EURO

La delantera Vivianne Miedema ya se ha convertido en la máxima goleadora de la selección, tras hacer su debut internacional a los 17 años. Fue una jugadora clave en la victoria del equipo holandés en el Campeonato de Europa Femenino de la UEFA 2017 y grabó su nombre en la historia al marcar en la semifinal y dos veces en la final contra Dinamarca.

MÁS APARICIONES

1.	SHERIDA SPITSE	221
2.	ANNEMIEKE KIESEL-GRIFFIOEN	156
3.	LIEKE MARTENS	150
4.	DYANNE BITO	146
5.	DANIËLLE VAN DE DONK	144

REGIÓN UEFA

ESPAÑA (MASCULINA)

España se coronó campeona del mundo por primera vez en 2010, sumando el trofeo al del Campeonato de Europa de la UEFA que había ganado dos años antes. En 2012 logró su segunda corona europea, marcando una era dorada en la historia de la selección española.

> Luis Suárez Miramontes es el jugador más veterano que ha representado a la nación con casi 37 años (36 años y 346 días).

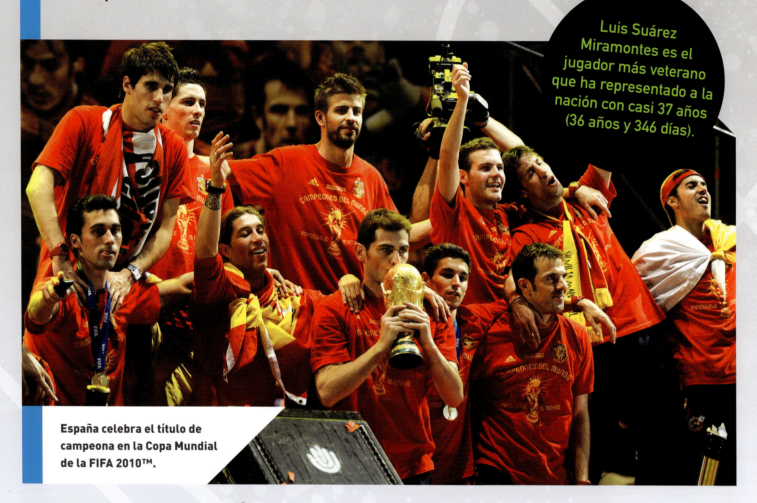

España celebra el título de campeona en la Copa Mundial de la FIFA 2010™.

DATOS DE LA SELECCIÓN

SE UNIÓ A LA FIFA:	1920
MEJOR CLASIFICACIÓN MUNDIAL FIFA/COCA-COLA:	1
ESTADIO:	Varios
PALMARÉS:	Copa Mundial de la FIFA 2010 (campeona); Campeonato de Europa de la UEFA 1964, 2008, 2012 (campeona); Juegos Olímpicos 1920 (plata)
APARICIONES EN LA COPA MUNDIAL DE LA FIFA™:	16
APARICIONES EN EL CAMPEONATO DE EUROPA DE LA UEFA:	11

GOLEADORES

1.	DAVID VILLA	59
2.	RAÚL	44
3.	FERNANDO TORRES	38
4.	DAVID SILVA	35
5.	ÁLVARO MORATA	30

DEFENSA DURADERO

El nº 15 de España, Sergio Ramos (abajo), ha servido con lealtad a su país, logrando un número récord de convocatorias con la selección y marcado más de 20 goles, una cifra fantástica para un defensa central. Ramos fue campeón del mundo con España en 2010 y doble campeón europeo en 2008 y 2012. Se convirtió en capitán de España en 2016 y lideró al equipo hasta 2021.

REY DEL GOL

David Villa es el máximo goleador con 59 tantos en 98 partidos. El delantero consiguió la Bota de Oro de adidas cuando España ganó la UEFA EURO 2008 y la Bota de Plata de adidas en la Copa Mundial de la FIFA Sudáfrica 2010™ como máximo goleador conjunto (tenía menos asistencias que el ganador, Thomas Müller). Una fractura en la pierna le dejó fuera del equipo que ganó la EURO 2012.

GENERACIÓN DE ORO

Los jugadores que ganarón la Copa Mundial de la FIFA y dos títulos en cinco años mágicos (2008-2012) se cuenta entre los mejores equipos de todos los tiempos. Con Iker casillas en la portería, el dúo sólido como una roca formado por Sergio Ramos y Raúl Albiol en la defensa, los fantásticos Iniesta y Xavi en el centro del campo y David Villa y Fernando Torres (derecha) en la delantera, el equipo era casi imposible de derrotar.

MÁS APARICIONES

1. SERGIO RAMOS	180
2. IKER CASILLAS	167
3. SERGIO BUSQUETS	143
4. XAVI	133
5. ANDRÉS INIESTA	131

REGIÓN UEFA

BÉLGICA (MASCULINA)

El equipo actual de Bélgica está lleno de talento, lo que le ayudó a llegar a lo más alto de la Clasificación Mundial FIFA en 2015 y, de nuevo, en 2018. Jugadores como Eden Hazard, Kevin de Bruyne y Romelu Lukaku han sido clave en su éxito.

DATOS DE LA SELECCIÓN

SE UNIÓ A LA FIFA:	1904
MEJOR CLASIFICACIÓN MUNDIAL FIFA/COCA-COLA:	1
ESTADIO:	Varios
PALMARÉS:	Campeonato de Europa de la UEFA 1980 (subcampeona); Copa Mundial de la FIFA 2018 (3º puesto)
APARICIONES EN LA COPA MUNDIAL DE LA FIFA™:	14
APARICIONES CAMP. DE EUROPA DE LA UEFA:	6

MÁS APARICIONES
JAN VERTONGHEN — 148

MÁXIMO GOLEADOR
ROMELU LUKAKU — 75

CROACIA (MASCULINA)

Croacia fue miembro de la FIFA brevemente en la década de 1940, pero jugó la mayor parte del siglo pasado como Yugoslavia. Volvió a unirse a la FIFA en 1992 y ha brillado desde entonces. Su éxito más notable fue alcanzar la final de la Copa Mundial de la FIFA Rusia 2018™.

DATOS DE LA SELECCIÓN

SE UNIÓ A LA FIFA:	1992
MEJOR CLASIFICACIÓN MUNDIAL FIFA/COCA-COLA:	3
ESTADIO:	Varios
PALMARÉS:	Copa Mundial de la FIFA 2018 (subcampeona)
APARICIONES EN LA COPA MUNDIAL DE LA FIFA™:	6
APARICIONES CAMP. DE EUROPA DE LA UEFA:	6

MÁS APARICIONES
LUKA MODRIĆ — 166

MÁXIMO GOLEADOR
DAVOR ŠUKER — 45

DINAMARCA (MASCULINA)

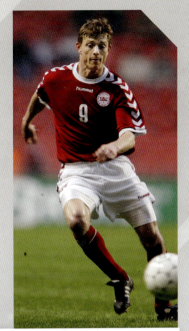

Pese a haber tenido que esperar hasta 1986 para disfrutar por primera vez de la acción de las rondas finales de la Copa Mundial de la FIFA™, la Dinamita Danesa ha tenido mucho éxito desde entonces. Se han metido tres veces en las semifinales del Campeonato de Europa de la UEFA, e incluso lograron una sorprendente victoria en 1992.

DATOS DE LA SELECCIÓN

- SE UNIÓ A LA FIFA: 1904
- MEJOR CLASIFICACIÓN MUNDIAL FIFA/COCA-COLA: 3
- ESTADIO: Parken Stadion (Copenhague)
- PALMARÉS: Campeonato de Europa de la UEFA 1992 (campeona)
- APARICIONES EN LA COPA MUNDIAL DE LA FIFA™: 6
- APARICIONES EN EL CAMPEONATO DE EUROPA DE LA UEFA: 9

MÁS APARICIONES
PETER SCHMEICHEL — 129

GOLEADORES
POUL NIELSEN, JON DAHL TOMASSON (A) — 52

PORTUGAL (MASCULINA)

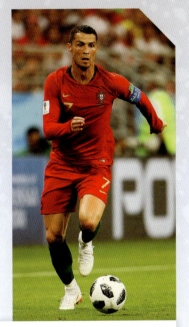

Portugal se unió a la FIFA hace un siglo, pero tuvo que esperar hasta 2016 para lograr su primer gran trofeo europeo. A ese triunfo le siguió poco después el título de la UEFA Nations League en 2019, con el goleador de récord Cristiano Ronaldo en el corazón del éxito de Portugal.

DATOS DE LA SELECCIÓN

- SE UNIÓ A LA FIFA: 1921
- MEJOR CLASIFICACIÓN MUNDIAL FIFA/COCA-COLA: 3
- ESTADIO: Estádio da Luz (Lisboa)
- PALMARÉS: Campeonato de Europa de la UEFA 2016 (campeona); UEFA Nations League 2019 (campeona)
- APARICIONES EN LA COPA MUNDIAL DE LA FIFA™: 8
- APARICIONES EN EL CAMPEONATO DE EUROPA DE LA UEFA: 8

MÁS APARICIONES
CRISTIANO RONALDO — 200

MÁXIMO GOLEADOR
CRISTIANO RONALDO — 123

REGIÓN UEFA

NORUEGA (FEMENINA)

Noruega encabezó la expansión global del fútbol femenino, con triunfos en Europa y en el escenario mundial. La centrocampista Hege Riise, que ostenta el récord de apariciones, fue una de las estrellas más brillantes de Noruega y ayudó a su país a ganar tres competiciones internacionales importantes entre 1995 y 2000.

> Noruega fue finalista del Campeonato de Europa cuatro veces seguidas entre 1987 y 1993.

Noruega celebra el triunfo ante EE. UU. para lograr el oro olímpico en los Juegos de Sídney en 2000.

DATOS DE LA SELECCIÓN

MEJOR CLASIFICACIÓN MUNDIAL FEMENINA FIFA/COCA-COLA: 2	
PALMARÉS: Copa Mundial Femenina de la FIFA 1995 (campeona); Campeonato de Europa Femenino de la UEFA 1987, 1993 (campeona); Juegos Olímpicos 2000 (oro), 1996 (bronce)	
APARICIONES EN LA COPA MUNDIAL DE LA FIFA™: 9	
APARICIONES EN EL CAMPEONATO DE EUROPA DE LA UEFA: 12	
APARICIONES EN LOS JUEGOS OLÍMPICOS: 3	

MÁS APARICIONES
HEGE RIISE	188

MÁXIMA GOLEADORA
ISABELL HERLOVSEN	67

SUECIA (FEMENINA)

Las Azules y Amarillas han jugado en todas las Copas Mundiales Femeninas de la FIFA™, y se quedaron a las puertas de hacerse con el triunfo en la final de 2003, cuando Alemania marcó un gol de oro en la prórroga. Suecia ganó el Campeonato de Europa Femenino de la UEFA en 1984.

Suecia derrotó a Inglaterra para lograr el tercer puesto en la Copa Mundial Femenina de la FIFA 2019™.

DATOS DE LA SELECCIÓN

MEJOR CLASIFICACIÓN MUNDIAL FEMENINA FIFA/COCA-COLA: 2	
PALMARÉS: Copa Mundial Femenina de la FIFA 2003 (subcampeona); Campeonato de Europa Femenino de la UEFA 1984 (campeona); Juegos Olímpicos 2016 (plata)	
APARICIONES EN LA COPA MUNDIAL DE LA FIFA™: 9	
APARICIONES EN EL CAMPEONATO DE EUROPA DE LA UEFA: 11	
APARICIONES EN LOS JUEGOS OLÍMPICOS: 7	

MÁS APARICIONES
CAROLINE SEGER	238

MÁXIMA GOLEADORA
LOTTA SCHELIN	88

REGIÓN CONCACAF

MÉXICO (MASCULINA)

México se ha clasificado para la Copa Mundial de la FIFA™ en 16 ocasiones, y llegó a los cuartos de final en 1970 y 1986. Fiera rival de EE. UU., México ha ganado la Copa Oro de la Concacaf 11 veces. A menudo impredecible, su derrota más abultada se produjo cuando perdió por 8-0 en un amistoso contra Inglaterra en 1961.

México posa para la foto de equipo antes de su partido en la fase de grupos de la Copa Mundial de la FIFA Rusia 2018™ contra Alemania.

DATOS DE LA SELECCIÓN

- SE UNIÓ A LA FIFA: 1929
- MEJOR CLASIFICACIÓN MUNDIAL FIFA/COCA-COLA: 4
- ESTADIO: Varios
- PALMARÉS: Campeonato/Copa Oro de la Concacaf (11 trofeos)
- APARICIONES EN LA COPA MUNDIAL DE LA FIFA™: 17

MÁS APARICIONES
ANDRÉS GUARDADO — 179

MÁXIMO GOLEADOR
JAVIER HERNÁNDEZ — 52

EE. UU. (MASCULINA)

EE. UU. jugó su primer partido internacional oficial contra Suecia en 1916. En 1930, participó en la primera Copa Mundial de la FIFA™ de la historia y acabó en tercer lugar, un resultado que no han logrado igualar desde entonces. EE. UU. ha ganado el campeonato de su región, la Copa Oro de la Concacaf, seis veces.

EE. UU. llegó a los cuartos de final en la Copa Mundial de la FIFA Corea/Japón 2002™.

EE. UU. fue el país anfitrión de la 15ª edición de la Copa Mundial de la FIFA™ en 1994, y perdió ante la campeona Brasil por 1-0 en octavos de final.

DATOS DE LA SELECCIÓN

SE UNIÓ A LA FIFA:	1914
MEJOR CLASIFICACIÓN MUNDIAL FIFA/COCA-COLA:	4
ESTADIO:	Varios
PALMARÉS:	Copa Mundial de la FIFA 1930 (tercer puesto); Juegos Olímpicos 1904 (plata y bronce – no consideradas oficiales por la FIFA); Copa Oro de la Concacaf (7 trofeos)
APARICIONES EN LA COPA MUNDIAL DE LA FIFA™:	11

MÁS APARICIONES

COBI JONES	164

GOLEADORES

CLINT DEMPSEY/LANDON DONOVAN	57

REGIÓN CONCACAF

🇺🇸 EE. UU. (FEMENINA)

La selección femenina de EE. UU. es la que tiene más éxito, ya que ha ganado cuatro Copas Mundiales Femeninas de la FIFA™ y cinco medallas de oro olímpicas. Formado en 1985, el equipo de EE. UU. ha ayudado a mejorar el perfil del fútbol femenino en el escenario mundial en las últimas décadas.

EE. UU. celebra su primer gol contra Holanda en la final de la Copa Mundial Femenina de la FIFA Francia 2019™.

EE. UU. y Canadá son los equipos femeninos líderes en la región Concacaf. Ambos aparecen con regularidad entre los diez primeros puestos de la Clasificación Mundial Femenina FIFA/Coca-Cola.

DATOS DE LA SELECCIÓN

MEJOR CLASIFICACIÓN MUNDIAL FEMENINA FIFA/COCA-COLA: 1

PALMARÉS: Copa Mundial de la FIFA 1991, 1999, 2015, 2019 (campeona), 2011 (subcampeona); Juegos Olímpicos 1996, 2004, 2008, 2012 (oro), 2020 (bronce), 2000 (plata)

APARICIONES EN LA COPA MUNDIAL DE LA FIFA™: 9

APARICIONES EN LOS JUEGOS OLÍMPICOS: 7

MÁS APARICIONES
| KRISTINE LILLY | 354 |

MÁXIMA GOLEADORA
| ABBY WAMBACH | 184 |

CANADÁ (FEMENINA)

Tras su primer partido en 1986, Canadá ha estado presente en todas las ediciones de la Copa Mundial Femenina de la FIFA™ desde 1995. Han cosechado grandes éxitos en los Juegos Olímpicos donde se hicieron con el oro en los juegos de 2020 tras haber obtenido el bronce en las ediciones de 2012 y 2016.

Canadá llegó a los octavos de final de la Copa Mundial Femenina de la FIFA Francia 2019™.

DATOS DE LA SELECCIÓN

- MEJOR CLASIFICACIÓN MUNDIAL FEMENINA FIFA/COCA-COLA: 4
- PALMARÉS: Juegos Olímpicos 2012, 2016 (bronce), 2020 (oro)
- APARICIONES EN LA COPA MUNDIAL DE LA FIFA™: 8
- APARICIONES EN LOS JUEGOS OLÍMPICOS: 4

MÁS APARICIONES
CHRISTINE SINCLAIR — 326

MÁXIMA GOLEADORA
CHRISTINE SINCLAIR — 190

REGIÓN CONMEBOL

ARGENTINA (MASCULINA)

Argentina, una de las selecciones más antiguas del mundo, jugó su primer partido internacional en 1901. La Albiceleste ha ganado la Copa Mundial de la FIFA™ tres veces, la última en 2022 tras una final épica contra Francia.

Lionel Messi es el único jugador que ha marcado en la Copa Mundial de la FIFA como adolescente, como veinteañero y como treintañero (en las ediciones de 2006, 2014, 2018 y 2022).

Diego Maradona levanta el trofeo de la Copa Mundial de la FIFA™ tras la famosa victoria de Argentina en la edición de 1986.

DATOS DE LA SELECCIÓN

SE UNIÓ A LA FIFA:	1912
MEJOR CLASIFICACIÓN MUNDIAL FIFA/COCA-COLA:	1
ESTADIO:	Estadio Monumental Antonio Vespucci Liberti (Buenos Aires)
PALMARÉS:	Copa Mundial de la FIFA 1978, 1986, 2022 (campeona); Copa América (campeona - 14 veces); Copa FIFA Confederaciones 1992 (campeona); Juegos Olímpicos 2004, 2008 (oro)
APARICIONES EN LA COPA MUNDIAL DE LA FIFA™:	18
APARICIONES EN LA CONMEBOL COPA AMÉRICA:	43

GOLEADORES

1. LIONEL MESSI	103
2. GABRIEL BATISTUTA	54
3. SERGIO AGÜERO	41
4. HERNÁN CRESPO	35
5. DIEGO MARADONA	34

MESSI MÁGICO

Lionel Messi, siete veces ganador del Balón de Oro, es uno de los mejores jugadores de todos los tiempos. A nivel internacional, Messi ha marcado 103 goles en 175 apariciones (en el momento de la publicación), y ha capitaneado el equipo desde 2011. Messi anunció su retirada de la selección en 2016, pero más tarde cambió de idea y guio al equipo a la gloria en la Copa Mundial de la FIFA™ en 2022.

ÉXITO OLÍMPICO

Argentina ganó la medalla de oro en dos Juegos Olímpicos consecutivos, Atenas 2004 y Pekín 2008. El talentoso equipo de 2008 incluía a jóvenes como Lionel Messi, Sergio Agüero y Javier Mascherano, que acabaron convirtiéndose en algunos de los jugadores más aclamados de la historia de la selección.

LA MANO DE DIOS

Aunque muchos consideran a Maradona una leyenda nacional, el centrocampista ofensivo tuvo una carrera internacional extravagante. Maradona, que no estuvo convocado con el equipo ganador de la Copa Mundial de la FIFA™ en 1978, fue expulsado en la edición de 1982. Llevó a su país a lograr su segunda corona en 1986, marcando su polémico gol conocido como "la mano de Dios", usando el brazo.

MÁS APARICIONES

1. LIONEL MESSI	175
2. JAVIER MASCHERANO	147
3. JAVIER ZANETTI	143
4. ROBERTO AYALA	114
5. ÁNGEL DI MARÍA	111

REGIÓN CONMEBOL

BRASIL (MASCULINA)

Conocida por sus habilidades elegantes y su juego creativo, Brasil siempre ha estado entre las favoritas en cualquier competición. Han ganado la Copa Mundial de la FIFA™ cinco veces, todo un récord. El equipo también logró el oro en los Juegos Olímpicos de 2016, que se celebraron en su casa, en Río.

El capitán de Brasil, Cafú, levanta el trofeo de la Copa Mundial de la FIFA™ en 2002 tras su quinta victoria, que marcó un récord.

DATOS DE LA SELECCIÓN

SE UNIÓ A LA FIFA: 1923

MEJOR CLASIFICACIÓN MUNDIAL FIFA/COCA-COLA: 1

ESTADIO: Maracaná (Río de Janeiro)

PALMARÉS: Copa Mundial de la FIFA 1958, 1962, 1970, 1994, 2002 (campeona); Copa América (campeona – 9 veces); Copa FIFA Confederaciones 1997, 2005, 2009, 2013 (campeona); Juegos Olímpicos 2016, 2020 (oro), 1984, 1988, 2012 (plata).

APARICIONES EN LA COPA MUNDIAL DE LA FIFA™: 22

APARICIONES EN LA CONMEBOL COPA AMÉRICA: 37

GOLEADORES

1.	NEYMAR	77
=	PELÉ	77
3.	RONALDO	62
4.	ROMÁRIO	55
5.	ZICO	48

MÁS APARICIONES

1.	CAFÚ	142
2.	ROBERTO CARLOS	125
3.	NEYMAR	124
4.	DANI ALVES	118
5.	THIAGO SILVA	113

CAMBIO DE CAMISETA

Las camisetas de color amarillo brillante de Brasil son famosas en todo el mundo. La equipación ha hecho incluso que la selección se gane el apodo de la *Canarinha*. Antes de la Copa Mundial de la FIFA™ de 1954, el equipo usaba camisetas blancas con franja azul en las mangas. Brasil se convirtió en campeona del mundo por primera vez en 1958, vistiendo de azul para no coincidir con los colores de Suecia, la otra finalista.

REY PELÉ

La leyenda de Brasil Pelé (debajo) puede presumir de tener el título de Jugador del Siglo de la FIFA (compartido con el argentino Diego Maradona). Pelé jugó en cuatro Copas Mundiales y sigue siendo el único jugador que ha ganado el trofeo tres veces. Fue campeón del mundo por primera vez en la Copa Mundial de la FIFA Suecia 1958™, con solo 17 años. Pelé es el máximo goleador conjunto de la nación, incluso aunque fue internacional por última vez en 1971, hace 50 años.

CAPITÁN FANTÁSTICO

Cafú (debajo) ostenta el récord masculino de partidos disputados con Brasil. El veloz lateral es recordado por sus carreras constantes y sus oportunas barridas. Jugó tres Copas Mundiales de la FIFA™ y levantó el trofeo como capitán en 2002. La última de sus 142 veces como internacional fue en la Copa Mundial de la FIFA Alemania 2006™, donde Brasil cayó eliminada en los cuartos de final.

A los jugadores brasileños se les conoce por su nombre de pila o un apodo, una tradición que data de 1914. El nombre completo de Pelé es Edson Arantes do Nascimento.

REGIÓN CONMEBOL

BRASIL (FEMENINA)

La selección femenina de Brasil jugó su primer partido en 1986 y ha participado en todas las Copas Mundiales Femeninas de la FIFA™ desde el primer torneo, en 1991. Las *Canarinhas* han estado a punto de alcanzar la gloria tres veces, ya que fueron finalistas en la edición de 2007 y ganaron la plata en los Juegos Olímpicos de 2004 y 2008.

Brasil posa para la foto antes de hacerse con la medalla de plata en los Juegos Olímpicos de 2008.

DATOS DE LA SELECCIÓN

MEJOR CLASIFICACIÓN MUNDIAL FEMENINA FIFA/COCA-COLA: 2

PALMARÉS: Copa Mundial Femenina de la FIFA 2007 (subcampeona); Juegos Olímpicos 2004, 2008 (plata); Copa América Femenina 1991, 1995, 1998, 2003, 2010, 2014, 2018, 2022 (campeona)

APARICIONES EN LA COPA MUNDIAL DE LA FIFA™: 9

APARICIONES EN LOS JUEGOS OLÍMPICOS: 7

GOLEADORAS

1.	MARTA	115
2.	CRISTIANE	96
3.	DEBINHA	58
4.	ROSELI	42
=	PRETINHA	

LA MARAVILLOSA MARTA

Marta Vieira da Silva (debajo) es la jugadora más icónica de Brasil y una de las mejores jugadoras de todos los tiempos. Su récord de goles con Brasil y su participación en cinco Copas Mundiales Femeninas de la FIFA y cuatro Juegos Olímpicos le han servido para ganar en múltiples ocasiones el premio Jugadora Mundial de la FIFA durante una carrera larga y estelar.

LA FAMOSA FORMIGA

La centrocampista Formiga es experta en batir récords. Ha jugado en la Copa Mundial Femenina de la FIFA™ siete veces, un récord, a lo largo de un periodo de 24 años y ha participado en siete ediciones del Torneo Olímpico de Fútbol Femenino. A los 41 años y 112 días, se convirtió en la jugadora más veterana en participar en una Copa Mundial Femenina de la FIFA™ y también es la goleadora de más edad de la competición. Se retiró del fútbol internacional en 2021.

Brasil ha sido una gran potencia en la Copa América Femenina, donde ha ganado ocho de las nueve ediciones celebradas hasta la fecha.

PROHIBICIÓN BRASILEÑA

La historia del fútbol femenino en Brasil es similar a la de muchos países europeos. En 1941, el presidente de Brasil prohibió a las mujeres jugar al fútbol tras decidir que el deporte era "incompatible con las condiciones de la naturaleza femenina". La prohibición se mantuvo hasta 1979, cuando el fútbol femenino pudo por fin progresar.

MÁS APARICIONES

1.	FORMIGA	206
2.	MARTA	175
3.	CRISTIANE	151
4.	TAMIRES	141
5.	DEBINHA	135

REGIÓN CONMEBOL

URUGUAY (MASCULINA)

Uruguay tiene el honor de haber ganado la primera Copa Mundial de la FIFA™, celebrada en 1930. Ganó la segunda 20 años después, en la edición de 1950, y es el país más pequeño que ha levantado el trofeo. Un récord de 15 títulos de la Copa América completa el magnífico palmarés futbolístico de la nación.

El uruguayo Edinson Cavani (el 21) celebra su gol ante Rusia en la Copa Mundial de la FIFA Rusia 2018™.

El estadio histórico de la selección de Uruguay, el Estadio Centenario, se construyó para la primera Copa Mundial de la FIFA™ en 1930. Llegó a tener una capacidad de casi 100.000 personas.

DATOS DE LA SELECCIÓN

SE UNIÓ A LA FIFA:	1916
MEJOR CLASIFICACIÓN MUNDIAL FIFA/COCA-COLA:	2
ESTADIO:	Estadio Centenario (Montevideo)
PALMARÉS:	Copa Mundial de la FIFA 1930, 1950 (campeona); Juegos Olímpicos 1924, 1928 (oro); Copa América (campeona — 15 veces)
APARICIONES EN LA COPA MUNDIAL DE LA FIFA™:	14
APARICIONES EN LA CONMEBOL COPA AMÉRICA:	45

GOLEADORES

1.	LUIS SUÁREZ	68
2.	EDINSON CAVANI	58
3.	DIEGO FORLÁN	36
4.	HÉCTOR SCARONE	31
5.	ÁNGEL ROMANO	28

CAMPEONES DE LA COPA

Con una población inferior a los 3,5 millones de habitantes, Uruguay es la tercera nación más pequeña de Sudamérica. Pese a eso, La Celeste ha ganado la copa de su continente, la CONMEBOL Copa América, 15 veces, un récord que comparte con su vecina Argentina.

GODÍN DE ORO

Ningún futbolista ha jugado más veces en el equipo de Uruguay que el capitán Diego Godín (debajo), considerado uno de los mejores defensas del mundo. Hizo su debut internacional a los 19 años y, desde entonces, ha participado en la Copa Mundial de la FIFA™ tres veces. Godín se convirtió en capitán en 2015 y ha jugado más de 160 veces con su país.

DOS OLIMPIADAS

Uruguay ha participado dos veces en los Juegos Olímpicos: en 1924 (París) y 1928 (Ámsterdam), ganando la medalla de oro en ambas ocasiones. Héctor Scarone (debajo, rodeado) fue clave para el éxito de Uruguay al marcar cinco veces en París y tres en Ámsterdam. El delantero sigue siendo el cuarto mayor goleador de su país, con 31 tantos en 52 partidos.

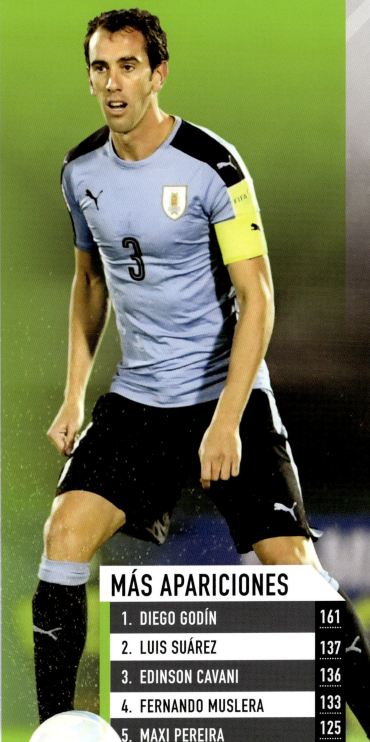

MÁS APARICIONES

1. DIEGO GODÍN	161
2. LUIS SUÁREZ	137
3. EDINSON CAVANI	136
4. FERNANDO MUSLERA	133
5. MAXI PEREIRA	125

REGIÓN CAF

NACIONES AFRICANAS (MASCULINAS)

Trece naciones africanas diferentes han participado en la Copa Mundial de la FIFA™; Marruecos ha sido la que más lejos ha llegado, con el cuarto puesto de Catar 2022™. Tres equipos del África subsahariana han llegado a los cuartos de final: Camerún, Senegal y Ghana. El trofeo de la región CAF es la Copa Africana de Naciones (CAN).

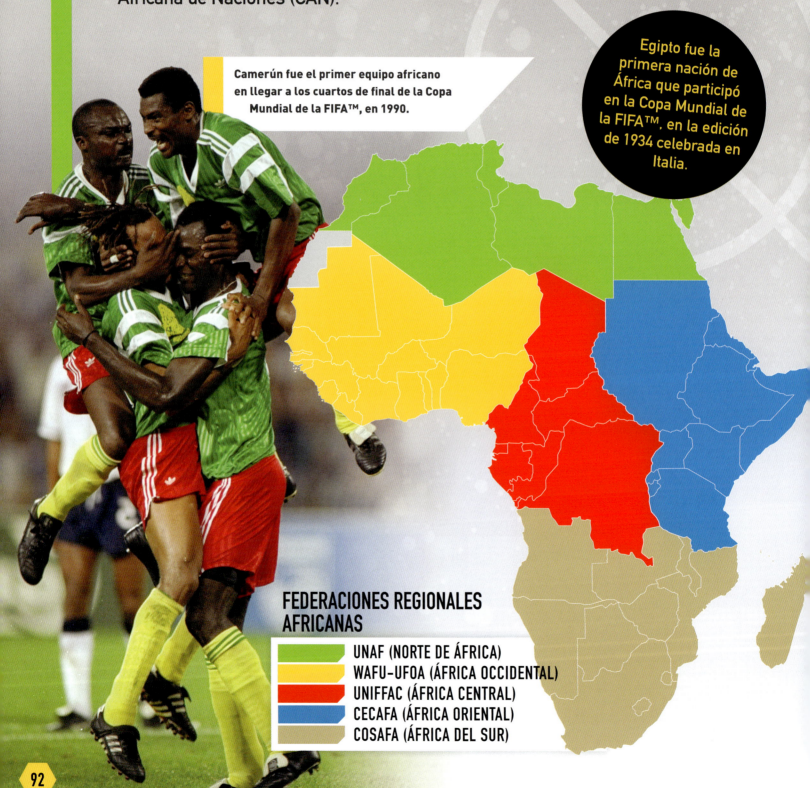

Camerún fue el primer equipo africano en llegar a los cuartos de final de la Copa Mundial de la FIFA™, en 1990.

Egipto fue la primera nación de África que participó en la Copa Mundial de la FIFA™, en la edición de 1934 celebrada en Italia.

FEDERACIONES REGIONALES AFRICANAS

- UNAF (NORTE DE ÁFRICA)
- WAFU-UFOA (ÁFRICA OCCIDENTAL)
- UNIFFAC (ÁFRICA CENTRAL)
- CECAFA (ÁFRICA ORIENTAL)
- COSAFA (ÁFRICA DEL SUR)

GOLEADORES

1. GODFREY CHITALU (ZAMBIA)	79
2. KINNAH PHIRI (MALAUI)	71
3. HOSSAM HASSAN (EGIPTO)	69
4. DIDIER DROGBA (COSTA DE MARFIL)	65
5 SAMUEL ETO'O (CAMERÚN)	56

MÁS APARICIONES

1. AHMED HASSAN (EGIPTO)	184
2. HOSSAM HASSAN (EGIPTO)	170
3. ESSAM EL HADARY (EGIPTO)	159
= YOUNG CHIMODZI (MALAUI)	
5. RIGOBERT SONG (CAMERÚN)	137

El camerunés Roger Milla es el goleador más veterano de la historia de la Copa Mundial de la FIFA™. Tenía 42 años y 39 días cuando marcó frente a Rusia en 1994.

GLORIA OLÍMPICA

Los países africanos Camerún, Ghana y Nigeria han probado las mieles del éxito olímpico, ganando entre todos un total de cinco medallas en el torneo olímpico de fútbol masculino. Nigeria brilló en el escenario internacional al lograr el oro en 1996, y Camerún derrotó a Argentina para llegar a lo más alto del podio cuatro años después en los Juegos de Sídney.

Nigeria celebra el oro olímpico en el torneo de fútbol en los Juegos de 1996 en Atlanta.

REGIÓN AFC

🇯🇵 JAPÓN (MASCULINA)

Los Samuráis azules fueron anfitriones conjuntos de la Copa Mundial de la FIFA™ en 2002 con Corea del Sur y llegaron a la segunda ronda por primera vez en su historia aquel año. Japón está entre los equipos más fuertes de la región y ha ganado la Copa Asiática de la AFC cuatro veces.

DATOS DE LA SELECCIÓN

- **SE UNIÓ A LA FIFA:** 1950
- **MEJOR CLASIFICACIÓN MUNDIAL FIFA/COCA-COLA:** 9
- **ESTADIO:** Varios
- **PALMARÉS:** Copa Asiática de la AFC 1992, 2000, 2004, 2011 (campeona); Juegos Olímpicos 1968 (bronce)
- **APARICIONES EN LA COPA MUNDIAL DE LA FIFA™:** 7

MÁS APARICIONES
YASUHITO ENDŌ — 152

MÁXIMO GOLEADOR
KUNISHIGE KAMAMOTO — 75

COREA DEL SUR (MASCULINA)

Corea del Sur ha participado en diez Copas Mundiales de la FIFA™, y ha jugado 34 partidos, un récord entre los países asiáticos. Su mejor actuación en la competición se produjo cuando fue anfitriona conjunta del torneo en 2002. Su impresionante trayectoria la llevó a convertirse en la primera selección asiática en llegar a semifinales.

DATOS DE LA SELECCIÓN

- **SE UNIÓ A LA FIFA:** 1948
- **MEJOR CLASIFICACIÓN MUNDIAL FIFA/COCA-COLA:** 17
- **ESTADIO:** Estadio Mundialista de Seúl (Seúl)
- **PALMARÉS:** Copa Asiática de la AFC 1956, 1960 (campeona)
- **APARICIONES EN LA COPA MUNDIAL DE LA FIFA™:** 11

MÁS APARICIONES
CHA BUM-KUN (A), HONG MYUNG-BO — 136

MÁXIMO GOLEADOR
CHA BUM-KUN — 58

JAPÓN (FEMENINA)

Japón es la selección femenina de mayor éxito de Asia y ha participado en todas las Copas Mundiales Femeninas de la FIFA™. Ganó el trofeo tras una sorprendente victoria sobre EE. UU. en 2011, liderada por su capitana, Homare Sawa (derecha). La antigua Jugadora Mundial de la FIFA lidera las clasificaciones de apariciones y goles de Japón.

DATOS DE LA SELECCIÓN

MEJOR CLASIFICACIÓN MUNDIAL FEMENINA FIFA/COCA-COLA: 3	
PALMARÉS: Copa Mundial de la FIFA 2011 (campeona); Copa Asiática de la AFC 2014, 2018 (campeona); Juegos Olímpicos 2012 (plata)	
APARICIONES EN LA COPA MUNDIAL DE LA FIFA™: 9	
APARICIONES EN LOS JUEGOS OLÍMPICOS: 5	

MÁS APARICIONES
HOMARE SAWA	205

MÁXIMA GOLEADORA
HOMARE SAWA	83

CHINA (FEMENINA)

China fue una nación pionera cuando el fútbol femenino comenzó a crecer a nivel global en los noventa. Fue anfitriona de la primera Copa Mundial Femenina de la FIFA™ en 1991 y llegó a ser subcampeona en 1999, tras perder ante EE. UU. en la tanda de penaltis. Sun Wen fue una de las estrellas más brillantes del equipo durante la era dorada de China.

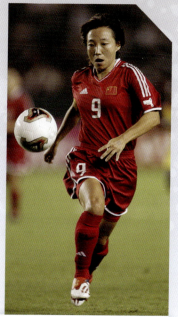

DATOS DE LA SELECCIÓN

MEJOR CLASIFICACIÓN MUNDIAL FEMENINA FIFA/COCA-COLA: 4	
PALMARÉS: Copa Mundial de la FIFA 1999 (subcampeona); Juegos Olímpicos 1996 (plata); Copa Asiática de la AFC (campeona – 9 veces)	
APARICIONES EN LA COPA MUNDIAL DE LA FIFA™: 8	
APARICIONES EN LOS JUEGOS OLÍMPICOS: 6	

MÁS APARICIONES
PUI WEI	219

MÁXIMA GOLEADORA
SUN WEN	106

REGIÓN AFC

AUSTRALIA (MASCULINA)

Australia perteneció a la OFC hasta 2006, cuando se pasó a la Confederación Asiática de Fútbol. Los *Socceroos* se han clasificado para las cinco últimas ediciones de la Copa Mundial de la FIFA™ y llegaron a octavos de final en 2006 y 2022. Su mayor rival en la región de la AFC es Japón.

Australia llegó a octavos de final en la Copa Mundial de la FIFA Catar 2022™.

DATOS DE LA SELECCIÓN

- **SE UNIÓ A LA FIFA:** 1963
- **MEJOR CLASIFICACIÓN MUNDIAL FIFA/COCA-COLA:** 14
- **ESTADIO:** Varios
- **PALMARÉS:** Copa Asiática de la AFC 2015 (campeona); Copa de las Naciones de la OFC 1980, 1996, 2000, 2004 (campeona)
- **APARICIONES EN LA COPA MUNDIAL DE LA FIFA™:** 6

MÁS APARICIONES
MARK SCHWARZER — 109

MÁXIMO GOLEADOR
TIM CAHILL — 50

AUSTRALIA (FEMENINA)

La selección femenina se fundó en 1978, pero hizo unos progresos muy modestos, sin lograr clasificarse para la primera Copa Mundial Femenina de la FIFA™ en 1991. Desde entonces, las *Matildas* se han clasificado para el torneo en todas las ediciones y han llegado a los cuartos de final en cuatro ocasiones y acabaron en cuarto puesto cuando fueron anfitrionas conjuntas de la competición con Nueva Zelanda en 2023. Australia pertenece ahora a la AFC, ganó su primer campeonato regional en 2010.

DATOS DE LA SELECCIÓN

MEJOR CLASIFICACIÓN MUNDIAL FEMENINA FIFA/COCA-COLA: 4

PALMARÉS: Campeonato Femenino de la OFC 1994, 1998, 2003 (campeona); Copa Asiática Femenina de la AFC 2010 (campeona)

APARICIONES EN LA COPA MUNDIAL DE LA FIFA™: 8

APARICIONES EN LOS JUEGOS OLÍMPICOS: 4

MÁS APARICIONES
CLARE POLKINGHORNE — 162

MÁXIMA GOLEADORA
SAM KERR — 64

EQUIPOS DE LA OFC

En la actualidad, hay once naciones que son miembros de pleno derecho de la OFC, desde Samoa Americana a Vanuatu. Tras la marcha de Australia para unirse a la AFC en 2006, Nueva Zelanda se convirtió en el país de mayor éxito de la OFC. Los *All Whites* se han clasificado para la Copa Mundial de la FIFA™ dos veces y han ganado la Copa de la OFC en cinco ocasiones.

Nueva Zelanda ha jugado en las ediciones masculina y femenina de la Copa Mundial de la FIFA™.

El equipo de Nueva Zelanda es conocido como *Football Ferns* (los helechos del fútbol).

TORNEOS CONTINENTALES

Cada temporada los ganadores de las ligas y copas nacionales se ganan el derecho a competir en desafíos deportivos aún más grandes. Hay torneos anuales como la UEFA Champions League, que decide cuáles son los mejores clubes de Europa, o la Copa CONMEBOL Libertadores, que determina qué club es el campeón de Sudamérica.

Los aficionados muestran su apoyo durante la alineación de los equipos en el partido de vuelta de los octavos de final de la UEFA Champions League entre el FC Barcelona y el Paris Saint-Germain en el Camp Nou.

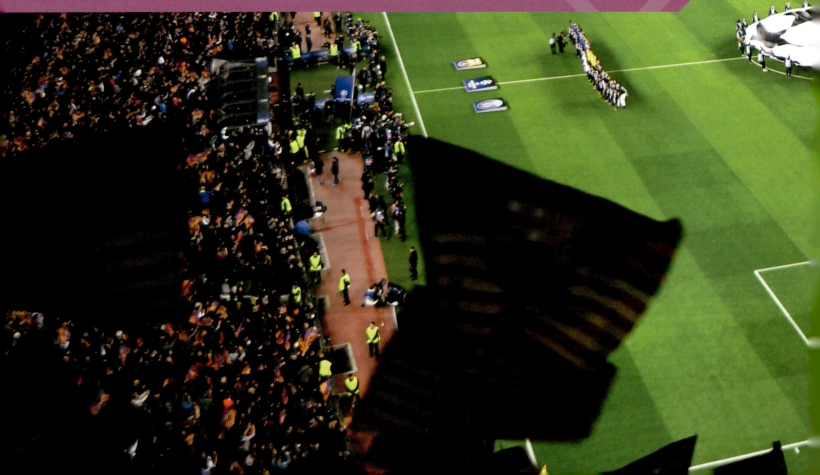

UEFA CHAMPIONS LEAGUE

No hay mayor competición de clubes que la UEFA Champions League. Los mejores equipos de las ligas más fuertes de Europa han participado en la competición desde su primera edición en 1955.

La final de 2015 fue el partido más visto de la historia de la UEFA Champions League. El encuentro entre la Juventus y el FC Barcelona atrajo a una media de 180 millones de espectadores en todo el mundo.

El club inglés Manchester City celebra su victoria en la UEFA Champions League en 2023.

MÁS VICTORIAS
REAL MADRID — 14

MÁS PARTICIPACIONES
REAL MADRID — 53

DATOS DEL TORNEO

HISTORIA	AÑO	EQUIPOS
PRIMERA EDICIÓN	1955-56	16
ÚLTIMA EDICIÓN	2022-23	32*
PRÓXIMA EDICIÓN	2023-24	32*

*Número de equipos en la fase de grupos. En la fase preliminar de 2022/2023 participaron 78 clubes.

FORMATO DEL TORNEO

La primera ronda de la UEFA Champions League es una fase de grupos que incluye 32 equipos divididos en ocho grupos de cuatro equipos. Los primeros y segundos de grupo pasan a las fases eliminatorias. Dichas fases se juegan a dos partidos hasta que solo quedan dos equipos, que se enfrentan en una apasionante final en un estadio elegido antes de la celebración del torneo.

SENSACIÓN GOLEADORA

Con 140 goles, Cristiano Ronaldo es el máximo goleador de la historia de la competición. Ha establecido este récord jugando para tres clubes diferentes en tres ligas distintas: Manchester United (English Premier League), Real Madrid (La Liga) y Juventus (Serie A).

FINALES FANTÁSTICAS

A lo largo de los años, la UEFA Champions League ha tenido finales inolvidables, en las que los mejores equipos han luchado de forma espectacular para ganar el famoso trofeo de esta competición. Aquí recordamos algunas de las finales más memorables de la historia del torneo.

El poderío de Milán (1994)

AC Milan 4-0 FC Barcelona

En la final de 1994, celebrada en Atenas, el AC Milan, que no era favorito, firmó una actuación magnífica para derrotar al gigante FC Barcelona. Los *Rossoneri* llegaron con dos goles de ventaja al descanso, y marcaron otros dos en el segundo tiempo para hacerse con la victoria y lograr su quinta corona europea.

Remontada de los Diablos rojos (1999)

Manchester United 2-1 Bayern de Múnich

La atmósfera era eléctrica en el Camp Nou en 1999, cuando el Bayern de Múnich parecía tener la victoria asegurada con un gol temprano. Cuando solo quedaban por jugarse tres minutos de tiempo añadido, el Manchester United logró el empate. Teddy Sheringham marcó el primer gol antes de que el suplente Ole Gunnar Solskjær marcase otra vez para completar una remontada que dejó al Bayern devastado.

La noche en Estambul (2005)

AC Milan 3-3 después de la prórroga Liverpool
(Liverpool ganó 3-2 en los penaltis)

En la final de 2005, el Liverpool completó una remontada espectacular. Los *Reds* perdían por 3-0 al descanso ante el equipo italiano AC Milan, pero contraatacaron con goles de Steven Gerrard, Vladimir Šmicer y Xabi Alonso, marcados en seis minutos, para llevar el partido a la prórroga y a la tanda de penaltis. El Liverpool ganó en los penaltis el quinto trofeo del club. Los *Reds* volverían a lograrlo en 2019.

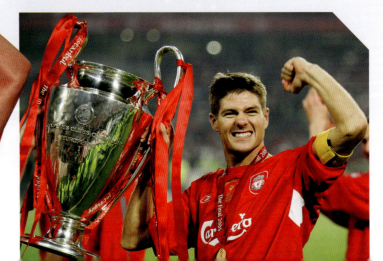

EL TROFEO DE LA UEFA CHAMPIONS LEAGUE

El trofeo actual es la quinta versión del diseño clásico. Esta pieza de plata mide 73,5 cm y pesa 7,5 kg. Antes, había una regla que establecía que la copa pasaba a ser propiedad de cualquier club que ganase la competición cinco veces o tres años consecutivos. El Real Madrid, el AC Milan, el Ajax y el Liverpool tienen una versión en sus vitrinas. La UEFA cambió la norma en 2008 y ahora da a los clubes una réplica del trofeo.

23 clubes han ganado la Champions League desde que empezó a celebrarse el torneo en 1955 como Copa de Europa.

UEFA WOMEN'S CHAMPIONS LEAGUE

La competición femenina de clubes más importante de Europa es la UEFA Women's Champions League. El torneo se jugó por primera vez en 2001 con el nombre "Copa de la UEFA Femenina" y fue rebautizado en la edición de 2009/2010.

La jugadora del Lyon Ada Hegerberg (debajo) es la máxima goleadora de la competición con 53 tantos.

En 2019, el Lyon se convirtió en el primer equipo en jugar 100 partidos de la Copa de la UEFA Femenina/UEFA Women's Champions League, gesta que sumó a su récord de seis títulos.

El equipo francés de Lyon se ha coronado campeón de Europa ocho veces, más que ningún otro club.

MÁS VICTORIAS
🎽	LYON	8

MÁS PARTICIPACIONES
🎽	KÍ KLAKSVÍK	20

DATOS DEL TORNEO

HISTORIA	AÑO	EQUIPOS
PRIMERA EDICIÓN	2001-02	32
ÚLTIMA EDICIÓN	2022-23	71
PRÓXIMA EDICIÓN	2023-24	71

GANADORES DE LA HISTORIA DEL TORNEO

EQUIPO		AÑOS
	LYON	2011, 2012, 2016, 2017, 2018, 2019, 2020, 2022
	FFC FRANKFURT	2002, 2006, 2008, 2015
	UMEÅ	2003, 2004
	TURBINE POTSDAM	2005, 2010
	WOLFSBURG	2013, 2014
	BARCELONA	2021, 2023

PRIMERO PARA FRANKFURT

El equipo alemán Frankfurt, liderado por Birgit Prinz (debajo, centro), fue el primer ganador de la Copa de la UEFA Femenina en 2002. A la final, que se disputó en Frankfurt, asistieron más de 12.000 aficionados, lo que supuso un nuevo récord de asistencia en Europa para un partido entre clubes femeninos en aquella época.

TRIPLE TRIUNFO

La delantera retirada Conny Pohlers (izquierda) ha sido campeona de Europa con tres clubes alemanes: Turbine Potsdam (2005), FFC Frankfurt (2008) y Wolfsburg (2013 y 2014).

GOL TEMPRANO

La brasileña Marta marcó para el Umeå en el segundo 12 del partido de ida en la final de 2008 en casa. Por desgracia para el Umeå, el Frankfurt se llevó la eliminatoria al ganar por 4-3 en el cómputo global.

UEFA EUROPA LEAGUE

La UEFA Europa League, que se celebra cada año, ofrece a los clubes la oportunidad de ganar un trofeo europeo importante. La competición comenzó a celebrarse en 1971 y entonces era conocida como Copa de la UEFA. Los clubes se clasifican para la competición según su puesto final en las mejores ligas de Europa.

El Villarreal ganó su primera Europa League en 2021, derrotando al Manchester United por 11 a 10 en una emocionante tanda de penaltis.

MÁS VICTORIAS
SEVILLA	7

MÁS PARTICIPACIONES
SPORTING DE LISBOA	35

DATOS DEL TORNEO

HISTORIA	AÑO	EQUIPOS
PRIMERA EDICIÓN	1971-72	64
ÚLTIMA EDICIÓN	2022-23	32 + 8*
PRÓXIMA EDICIÓN	2023-24	32 + 8*

*Ocho equipos se unen a la competición en la fase eliminatoria posterior.

EL RÉCORD DE REYES
El difunto extremo español José Antonio Reyes (debajo) ganó el trofeo de la UEFA Europa League más veces que cualquier otro jugador, dos veces con el Atlético de Madrid y tres veces con el Sevilla.

FIESTA DEL SEVILLA
El club español Sevilla ha ganado más títulos de la UEFA Europa League que cualquier otro equipo (siete en total), incluidos tres trofeos seguidos entre 2014 y 2016. Dos de sus victorias se decidieron en la tanda de penaltis.

La impresionante *Coupe* UEFA es el trofeo más pesado de todas las piezas de plata de la UEFA. No tiene asa, a diferencia de otros trofeos masculinos de la UEFA.

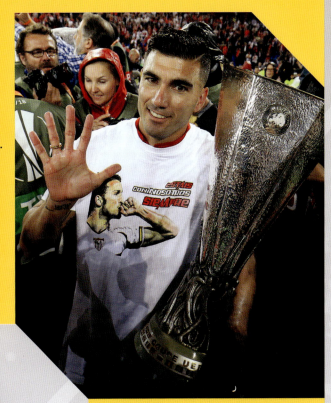

El IFK Göteborg jugó 25 partidos consecutivos en la Copa de la UEFA entre 1980 y 1987 sin una sola derrota, incluyendo sus campañas ganadoras de 1981-1982 y 1986-1987.

GLORIA ESPAÑOLA
Los clubes de España han marcado el paso de la competición, ya que han ganado el trofeo 14 veces, un récord. Sevilla, Atlético Madrid, Real Madrid, Valencia y Villarreal han levantado la copa. También se han coronado campeones cinco clubes ingleses diferentes.

EL REY HENRIK
El delantero sueco Henrik Larsson sigue siendo el máximo goleador de la historia de la competición con 40 tantos (que incluyen los goles marcados en las rondas clasificatorias).

TRIPLE CORONA
Giovanni Trapattoni y Unai Emery comparten el récord de entrenadores con más victorias en la UEFA Europa League. Trapattoni ganó dos veces con la Juventus y una con el Internazionale. Emery la ganó tres veces con el Sevilla.

CONMEBOL LIBERTADORES

La competición de clubes más importante de Sudamérica es la CONMEBOL Libertadores, también conocida como la Copa Libertadores. Al principio, solo los campeones nacionales podían competir en el torneo, pero, en la actualidad, varios de los mejores equipos de cada país pueden clasificarse para jugar en la competición.

El equipo brasileño Flamengo derrotó en casa al Athletico Paranaense por 1-0 en 2022 para ganar su tercera Copa Libertadores.

El legendario entrenador argentino Carlos Bianchi ha ganado el trofeo cuatro veces, un récord.

DATOS DEL TORNEO

MÁS VICTORIAS
INDEPENDIENTE	7

MÁS PARTICIPACIONES
NACIONAL	48

HISTORIA	AÑO	EQUIPOS
PRIMERA EDICIÓN	1960	7
ÚLTIMA EDICIÓN	2023	47
PRÓXIMA EDICIÓN	2024	47

SUPERESTRELLA DEL SANTOS
La leyenda de Brasil Pelé (derecha) ha sido, quizá, el ganador más famoso del trofeo de la Copa Libertadores. Ganó dos veces con el club brasileño Santos, en 1962 y 1963.

GOLES A PORRILLO
¡El récord de goles en la victoria más abultada en un partido de la Copa Libertadores se estableció en 1970 cuando el Peñarol de Uruguay derrotó al equipo venezolano Valencia por 11-2!

SIEMPRE PRESENTE
El portero paraguayo Ever Hugo Almeida, que ganó la competición dos veces como jugador, ostenta el récord de más partidos jugados. Puede que nadie supere sus 113 partidos con el Club Olimpia, disputados entre 1973 y 1990.

COPA LIBERTADORES FEMENINA
El torneo femenino se celebra anualmente desde 2009, el fútbol femenino en Sudamérica sigue creciendo. El São José brasileño lidera la clasificación con tres títulos, y es uno de los ocho clubes diferentes que se han coronado campeones. Hasta ahora, han llegado a la final equipos de Argentina, Brasil, Chile, Colombia, Paraguay y Venezuela.

COPA MUNDIAL DE CLUBES DE LA FIFA™

La Copa Mundial de Clubes de la FIFA™ se celebró por primera vez en el año 2000. En esta competición anual, los clubes campeones de las seis confederaciones reconocidas por la FIFA, además del campeón del país anfitrión, se enfrentan para determinar cuál es el mejor club del mundo.

El gol de Roberto Firmino (derecha) aseguró el lugar del Liverpool en la historia de la Copa Mundial de Clubes de la FIFA™ en 2019.

MÁS VICTORIAS

| REAL MADRID | 5 |

MÁS PARTICIPACIONES

| AUCKLAND CITY | 10 |

DATOS DEL TORNEO

HISTORIA	AÑO	EQUIPOS
PRIMERA EDICIÓN	2000	8
ÚLTIMA EDICIÓN	2022	6
PRÓXIMA EDICIÓN	2023	7

HISTORIA DE LA COPA

El Trofeo Sir Thomas Lipton fue un antiguo torneo internacional de clubes de fútbol y predecesor de la Copa Mundial de Clubes de la FIFA™. Se disputó por primera vez en Italia entre clubes de Inglaterra, Italia, Alemania y Suiza en 1909.

COPA INTERCONTINENTAL

Entre 1960 y 1979, la Copa Intercontinental fue un torneo a dos partidos, jugado por los ganadores de la Copa de Clubes Campeones Europeos de la UEFA y la Copa Libertadores de la CONMEBOL. Entre 1980 y 2004, el formato de la competición se cambió a un partido único, disputado en Japón.

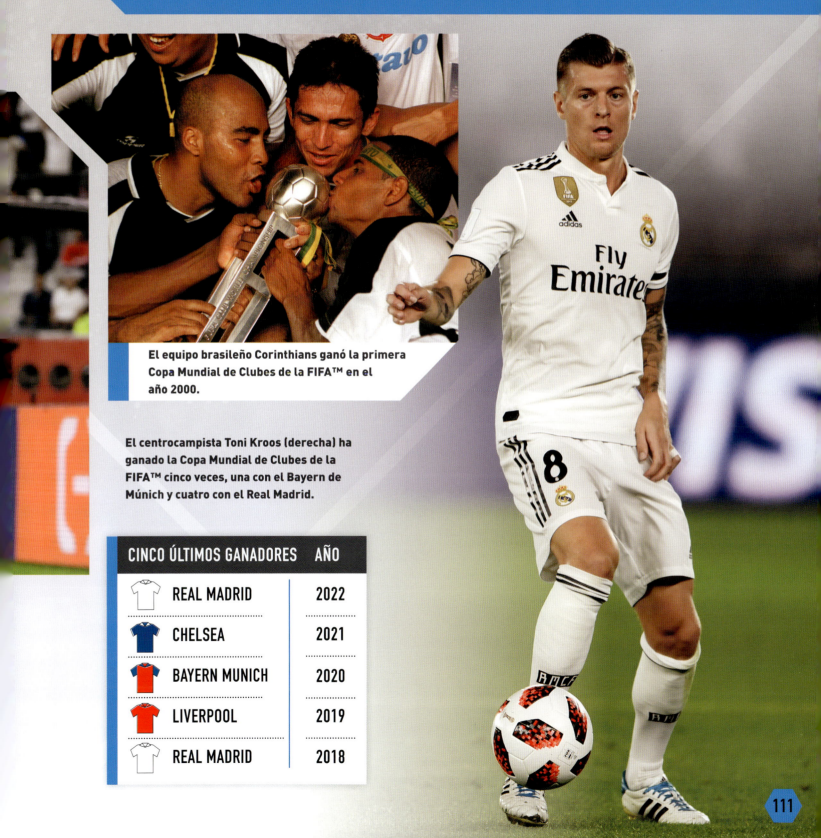

El equipo brasileño Corinthians ganó la primera Copa Mundial de Clubes de la FIFA™ en el año 2000.

El centrocampista Toni Kroos (derecha) ha ganado la Copa Mundial de Clubes de la FIFA™ cinco veces, una con el Bayern de Múnich y cuatro con el Real Madrid.

CINCO ÚLTIMOS GANADORES	AÑO
REAL MADRID	2022
CHELSEA	2021
BAYERN MUNICH	2020
LIVERPOOL	2019
REAL MADRID	2018

MÁS TORNEOS DE LA FIFA

FÚTBOL JUVENIL

Además de organizar competiciones internacionales para jugadores profesionales, la FIFA invierte en el futuro del deporte mediante la gestión de varios torneos globales para jóvenes futbolistas, tanto hombres como mujeres.

COPA MUNDIAL SUB-20 DE LA FIFA™

La Copa Mundial Sub-20 de la FIFA™ es desde hace mucho tiempo el escenario en el que brillan por primera vez muchas estrellas emergentes del fútbol masculino. Se trata de un torneo bianual que se celebra desde 1977, cuando se organizó en Túnez y lo ganó la Unión Soviética (ahora Rusia). Hasta 2005, la competición se denominaba Copa Mundial de Fútbol Juvenil. La primera Copa Mundial Femenina Sub-20 de la FIFA™ se jugó en Chile en 2008.

DATOS DEL TORNEO

MÁS VICTORIAS	
🇦🇷 ARGENTINA	6

MÁS PARTICIPACIONES	
🇧🇷 BRASIL	18

HISTORIA	AÑO	EQUIPOS
PRIMERA EDICIÓN	1977	16
ÚLTIMA EDICIÓN	2023	24
PRÓXIMA EDICIÓN	2025	POR CONFIRMAR*

Ucrania derrotó a Corea del Sur para ganar la Copa Mundial Sub-20 de la FIFA™ en 2019.

* No se sabe en el momento de la publicación.

DATOS DE LA COPA MUNDIAL FEMENINA SUB-20 DE LA FIFA

MÁS VICTORIAS		
🇩🇪 ALEMANIA		3
🇺🇸 EE. UU.		

MÁS PARTICIPACIONES		
🇩🇪 🇺🇸 ALEMANIA/EE. UU.		10

HISTORIA*	AÑO	EQUIPOS
PRIMERA EDICIÓN	2006	16
ÚLTIMA EDICIÓN	2022	16
PRÓXIMA EDICIÓN	2026	POR CONFIRMAR**

* El torneo sub-19 se celebró en 2002 y 2004.
** No se sabe en el momento de la publicación.

España consiguió su primera corona sub-20 en 2022 al derrotar a Japón, que defendía el título.

COPA MUNDIAL SUB-17 DE LA FIFA™

Esta competición comenzó en 1985 como torneo sub-16 antes de pasar a ser sub-17 en 1991. Nigeria encabeza la tabla con cinco victorias en el torneo, mientras que Brasil tiene cuatro títulos. La edición femenina se juega desde 2008; España, vigente campeona, y Corea del Norte son los únicos equipos que han ganado el trofeo dos veces.

CAMPEONATO JUVENIL FIFA/BLUE STARS™

Este torneo anual, organizado en 1939 por el FC Blue Stars, el club más antiguo de Zúrich, reúne a los mejores equipos juveniles del mundo y ofrece a los jugadores jóvenes con talento su primer contacto con el fútbol internacional. La FIFA forma parte de la organización del torneo desde 1991. En 2022 se lanzó una versión femenina (más información en fifayouthcup.ch/en/women/).

El Boca Juniors argentino ganó el Campeonato Juvenil FIFA/Blue Stars™ de 2019 en Zúrich, Suiza.

DATOS DEL TORNEO

MÁS VICTORIAS	
MANCHESTER UNITED	18

MÁS PARTICIPACIONES	
FC BLUE STARS	82

HISTORIA	AÑO	EQUIPOS
PRIMERA EDICIÓN	1939	4
ÚLTIMA EDICIÓN	2023	8
PRÓXIMA EDICIÓN	2024	POR CONFIRMAR*

* No se sabe en el momento de la publicación.

COPA MUNDIAL DE FÚTSAL DE LA FIFA™

El fútbol sala (fútsal) es una versión del fútbol que se juega en una pista dura interior en equipos de cinco. Este deporte tiene su propia Copa Mundial, organizada por la FIFA, desde 1989. Brasil ha ganado la competición cinco veces, un récord. Lituania albergó la última edición del torneo en 2021.

Argentina derrotó a Rusia por 5-4 para ganar la Copa Mundial de Fútsal de la FIFA™ en 2016.

MÁS VICTORIAS

🇧🇷	BRASIL	5

MÁS PARTICIPACIONES

🇪🇸	ESPAÑA	
🇦🇷	ARGENTINA	9
🇧🇷	BRASIL	

DATOS DEL TORNEO

HISTORIA	AÑO	EQUIPOS
PRIMERA EDICIÓN	1989	16
ÚLTIMA EDICIÓN	2021	24
PRÓXIMA EDICIÓN	2024	POR CONFIRMAR*

*No se sabe en el momento de la publicación.

FIFAe WORLD CUP™

La FIFAe World Cup™ es el equivalente virtual de la Copa Mundial de la FIFA™. Cada año, los mejores *gamers* del mundo compiten entre sí en la serie de videojuegos FIFA para intentar ganar la FIFAe World Cup™.

Umut Gültekin, de Alemania, se coronó campeón de la FIFAe World 2022 como mejor jugador individual de EA SPORTS FIFA 22.

Las cifras de espectadores en línea para la gran final de la FIFAe World Cup 2019™ superó los 47 millones en los canales de visualización de la FIFA.

DATOS DEL TORNEO

HISTORIA	AÑO	JUGADORES
PRIMERA EDICIÓN*	2004	8
ÚLTIMA EDICIÓN	2022	32
PRÓXIMA EDICIÓN	2023	32

LA GRAN FINAL

Jugadores de más de 60 países de todo el mundo compiten para hacerse con una de las 32 plazas de la gran final. Después, el formato de la competición sigue el de la edición original de la Copa Mundial de la FIFA™, con una fase de grupos y rondas eliminatorias antes de un enfrentamiento final cara a cara.

*Denominada Copa Mundial Interactiva de la FIFA™.

PREMIOS THE BEST FIFA FOOTBALL AWARDS™

Los premios The Best FIFA Football Awards™, celebrados cada año, son un reconocimiento a jugadores y entrenadores de todo el mundo por sus logros en una temporada. En este evento se entregan premios a los mejores jugadores, porteros y entrenadores tanto del fútbol masculino como del femenino.

La superestrella y talismán de Argentina Lionel Messi se alzó con el Premio The Best al Jugador de la FIFA en 2022.

Los premios individuales solían denominarse Jugador Mundial de la FIFA y Jugadora Mundial de la FIFA.

La centrocampista ofensiva del Barcelona Alexia Putellas consiguió el Premio The Best a la Jugadora de la FIFA por segunda vez en 2022.

PREMIO THE BEST JUGADOR FIFA

JUGADOR	AÑO
🇦🇷 LIONEL MESSI	2022
🇵🇱 ROBERT LEWANDOWSKI	2021
🇵🇱 ROBERT LEWANDOWSKI	2020
🇦🇷 LIONEL MESSI	2019
🇭🇷 LUKA MODRIĆ	2018

PREMIO THE BEST JUGADORA FIFA

JUGADOR	AÑO
🇪🇸 ALEXIA PUTELLAS	2022
🇪🇸 ALEXIA PUTELLAS	2021
🏴󠁧󠁢󠁥󠁮󠁧󠁿 LUCY BRONZE	2020
🇺🇸 MEGAN RAPINOE	2019
🇧🇷 MARTA	2018

El portero argentino Emiliano Martínez se mostró en plena forma en Catar 2022. Obtuvo el Premio The Best al Guardameta de la FIFA en 2022.

La entrenadora de la selección femenina de Inglaterra, Sarina Wiegman, recibió el Premio The Best al Entrenador de la FIFA de Fútbol Femenino por tercera vez en 2022.

EQUIPOS DEL AÑO

Miles de jugadores profesionales de todo el mundo votan para incluir a sus compañeros futbolistas en el FIFA FIFPro World11 Masculino y Femenino. Once jugadores se ganan una plaza en cada equipo, lo cual es un reconocimiento a los futbolistas más destacados de una temporada.

OTROS PREMIOS

Otros tres galardones completan la lista de premios anuales. El Premio Puskás de la FIFA se otorga al futbolista, hombre o mujer, que marca el gol más bonito del año natural, mientras que el Premio Fair Play de la FIFA recompensa el comportamiento deportivo que fomenta el espíritu del juego limpio, y el Premio a la Afición de la FIFA recompensa una forma especial de compromiso y pasión.

LISTAS DE HONOR
GANADORES DE TORNEOS INTERNACIONALES

COPA MUNDIAL DE LA FIFA™

AÑO	PAÍS
1930	URUGUAY
1934	ITALIA
1938	ITALIA
1950	URUGUAY
1954	R. F. DE ALEMANIA
1958	BRASIL
1962	BRASIL
1966	INGLATERRA
1970	BRASIL
1974	R. F. DE ALEMANIA
1978	ARGENTINA
1982	ITALIA
1986	ARGENTINA
1990	R. F. DE ALEMANIA
1994	BRASIL
1998	FRANCIA
2002	BRASIL
2006	ITALIA
2010	ESPAÑA
2014	ALEMANIA
2018	FRANCIA
2022	ARGENTINA

COPA MUNDIAL FEMENINA DE LA FIFA™

AÑO	PAÍS
1991	EE. UU.
1995	NORUEGA
1999	EE. UU.
2003	ALEMANIA
2007	ALEMANIA
2011	JAPÓN
2015	EE. UU.
2019	EE. UU.
2023	ESPAÑA

JUEGOS OLÍMPICOS – GANADORES TORNEO FEMENINO

AÑO	PAÍS
1996	EE. UU.
2000	NORUEGA
2004	EE. UU.
2008	EE. UU.
2012	EE. UU.
2016	ALEMANIA
2020*	CANADÁ

* Juegos de Tokio celebrados en 2021 debido a la pandemia de COVID-19.

JUEGOS OLÍMPICOS – GANADORES TORNEO MASCULINO

AÑO	PAÍS	AÑO	PAÍS
1900	GRAN BRETAÑA	1972	POLONIA
1904	CANADÁ	1976	R. D. ALEMANA
1908	GRAN BRETAÑA	1980	CHECOSLOVAQUIA
1912	GRAN BRETAÑA	1984	FRANCIA
1920	BÉLGICA	1988	UNIÓN SOVIÉTICA
1924	URUGUAY	1992	ESPAÑA
1928	URUGUAY	1996	NIGERIA
1936	ITALIA	2000	CAMERÚN
1948	SUECIA	2004	ARGENTINA
1952	HUNGRÍA	2008	ARGENTINA
1956	UNIÓN SOVIÉTICA	2012	MÉXICO
1960	YUGOSLAVIA	2016	BRASIL
1964	HUNGRÍA	2020*	BRASIL
1968	HUNGRÍA		

* Juegos de Tokio celebrados en 2021 debido a la pandemia de COVID-19.

CAMPEONATO DE EUROPA DE LA UEFA

AÑO	PAÍS	AÑO	PAÍS	AÑO	PAÍS
1960	UNIÓN SOVIÉTICA	1984	FRANCIA	2008	ESPAÑA
1964	ESPAÑA	1988	HOLANDA	2012	ESPAÑA
1968	ITALIA	1992	DINAMARCA	2016	PORTUGAL
1972	R. F. DE ALEMANIA	1996	ALEMANIA	2020*	ITALIA
1976	CHECOSLOVAQUIA	2000	FRANCIA		
1980	R. F. DE ALEMANIA	2004	GRECIA		

* Campeonato de Europa de la UEFA celebrado en 2021 debido a la pandemia de COVID-19.

CAMPEONATO DE EUROPA FEMENINO DE LA UEFA

AÑO	PAÍS	AÑO	PAÍS	AÑO	PAÍS
1984	SUECIA	1995	ALEMANIA	2013	ALEMANIA
1987	NORUEGA	1997	ALEMANIA	2017	HOLANDA
1989	R. F. DE ALEMANIA	2001	ALEMANIA	2022	INGLATERRA
1991	ALEMANIA	2005	ALEMANIA		
1993	NORUEGA	2009	ALEMANIA		

CONMEBOL COPA AMÉRICA

AÑO	PAÍS	AÑO	PAÍS	AÑO	PAÍS
1916	URUGUAY	1942	URUGUAY	1989	BRASIL
1917	URUGUAY	1945	ARGENTINA	1991	ARGENTINA
1919	BRASIL	1946	ARGENTINA	1993	ARGENTINA
1920	URUGUAY	1947	ARGENTINA	1995	URUGUAY
1921	ARGENTINA	1949	BRASIL	1997	BRASIL
1922	BRASIL	1953	PARAGUAY	1999	BRASIL
1923	URUGUAY	1955	ARGENTINA	2001	COLOMBIA
1924	URUGUAY	1956	URUGUAY	2004	BRASIL
1925	ARGENTINA	1957	ARGENTINA	2007	BRASIL
1926	URUGUAY	1959	ARGENTINA*	2011	URUGUAY
1927	ARGENTINA	1963	BOLIVIA	2015	CHILE
1929	ARGENTINA	1967	URUGUAY	2016	CHILE
1935	URUGUAY	1975	PERÚ	2019	BRASIL
1937	ARGENTINA	1979	PARAGUAY	2021	ARGENTINA
1939	PERÚ	1983	URUGUAY		
1941	ARGENTINA	1987	URUGUAY		

* Hubo dos campeonatos sudamericanos en 1959. El otro, conocido como Campeonato Sudamericano Extraordinario de 1959, lo ganó Uruguay.

COPA AMÉRICA FEMENINA

AÑO	PAÍS	AÑO	PAÍS
1991	BRASIL	2010	BRASIL
1995	BRASIL	2014	BRASIL
1998	BRASIL	2018	BRASIL
2003	BRASIL	2022	BRASIL
2006	ARGENTINA		

COPA AFRICANA DE NACIONES

AÑO	PAÍS	AÑO	PAÍS
1957	EGIPTO	1992	COSTA DE MARFIL
1959	REP. ÁRABE UNIDA	1994	NIGERIA
1962	ETIOPÍA	1996	SUDÁFRICA
1963	GHANA	1998	EGIPTO
1965	GHANA	2000	CAMERÚN
1968	CONGO-KINSHASA	2002	CAMERÚN
1970	SUDÁN	2004	TÚNEZ
1972	CONGO	2006	EGIPTO
1974	ZAIRE	2008	EGIPTO
1976	MARRUECOS	2010	EGIPTO
1978	GHANA	2012	ZAMBIA
1980	NIGERIA	2013	NIGERIA
1982	GHANA	2015	COSTA DE MARFIL
1984	CAMERÚN	2017	CAMERÚN
1986	EGIPTO	2019	ARGELIA
1988	CAMERÚN	2021	SENEGAL
1990	ARGELIA		

COPA ASIÁTICA DE LA AFC

AÑO	PAÍS
1956	COREA DEL SUR
1960	COREA DEL SUR
1964	ISRAEL
1968	IRÁN
1972	IRÁN
1976	IRÁN
1980	KUWAIT
1984	ARABIA SAUDITA
1988	ARABIA SAUDITA
1992	JAPÓN
1996	ARABIA SAUDITA
2000	JAPÓN
2004	JAPÓN
2007	IRAK
2011	JAPÓN
2015	AUSTRALIA
2019	CATAR

COPA AFRICANA DE NACIONES FEMENINA

AÑO	PAÍS	AÑO	PAÍS	AÑO	PAÍS
1991	NIGERIA	2004	NIGERIA	2014	NIGERIA
1995	NIGERIA	2006	NIGERIA	2016	NIGERIA
1998	NIGERIA	2008	GUINEA ECUATORIAL	2018	NIGERIA
2000	NIGERIA	2010	NIGERIA	2022	SUDÁFRICA
2002	NIGERIA	2012	GUINEA ECUATORIAL		

COPA ASIÁTICA FEMENINA DE LA AFC

AÑO	PAÍS/REGIÓN	AÑO	PAÍS	AÑO	PAÍS
1975	NUEZA ZELANDA	1991	CHINA	2006	CHINA
1977	CHINA TAIPÉI	1993	CHINA	2008	COREA DEL NORTE
1979	CHINA TAIPÉI	1995	CHINA	2010	AUSTRALIA
1981	CHINA TAIPÉI	1997	CHINA	2014	JAPÓN
1983	TAILANDIA	1999	CHINA	2018	JAPÓN
1986	CHINA	2001	COREA DEL NORTE	2022	CHINA
1989	CHINA	2003	COREA DEL NORTE		

COPA DE EUROPA/UEFA CHAMPIONS LEAGUE

AÑO	EQUIPO	AÑO	EQUIPO	AÑO	EQUIPO
1955-56	REAL MADRID	1978-79	NOTTINGHAM FOREST	2001-02	REAL MADRID
1956-57	REAL MADRID	1979-80	NOTTINGHAM FOREST	2002-03	AC MILAN
1957-58	REAL MADRID	1980-81	LIVERPOOL	2003-04	OPORTO
1958-59	REAL MADRID	1981-82	ASTON VILLA	2004-05	LIVERPOOL
1959-60	REAL MADRID	1982-83	HAMBURG	2005-06	BARCELONA
1960-61	BENFICA	1983-84	LIVERPOOL	2006-07	AC MILAN
1961-62	BENFICA	1984-85	JUVENTUS	2007-08	MANCHESTER UTD
1962-63	AC MILAN	1985-86	STEAUA DE BUCAREST	2008-09	BARCELONA
1963-64	INTERNAZIONALE	1986-87	OPORTO	2009-10	INTERNAZIONALE
1964-65	INTERNAZIONALE	1987-88	PSV EINDHOVEN	2010-11	BARCELONA
1965-66	REAL MADRID	1988-89	AC MILAN	2011-12	CHELSEA
1966-67	CELTIC	1989-90	AC MILAN	2012-13	BAYERN DE MÚNICH
1967-68	MANCHESTER UTD	1990-91	ESTRELLA ROJA BELGRADO	2013-14	REAL MADRID
1968-69	AC MILAN	1991-92	BARCELONA	2014-15	BARCELONA
1969-70	FEYENOORD	1992-93	MARSELLA	2015-16	REAL MADRID
1970-71	AJAX	1993-94	AC MILAN	2016-17	REAL MADRID
1971-72	AJAX	1994-95	AJAX	2017-18	REAL MADRID
1972-73	AJAX	1995-96	JUVENTUS	2018-19	LIVERPOOL
1973-74	BAYERN DE MÚNICH	1996-97	BORUSSIA DORTMUND	2019-20	BAYERN DE MÚNICH
1974-75	BAYERN DE MÚNICH	1997-98	REAL MADRID	2020-21	CHELSEA
1975-76	BAYERN DE MÚNICH	1998-99	MANCHESTER UTD	2021-22	REAL MADRID
1976-77	LIVERPOOL	1999-00	REAL MADRID	2022-23	MANCHESTER CITY
1977-78	LIVERPOOL	2000-01	BAYERN DE MÚNICH		

UEFA WOMEN'S CHAMPIONS LEAGUE

AÑO	EQUIPO	AÑO	EQUIPO	AÑO	EQUIPO
2001-02	FRANKFURT	2009-10	TURBINE POTSDAM	2017-18	LYON
2002-03	UMEÅ	2010-11	LYON	2018-19	LYON
2003-04	UMEÅ	2011-12	LYON	2019-20	LYON
2004-05	TURBINE POTSDAM	2012-13	WOLFSBURG	2020-21	BARCELONA
2005-06	FRANKFURT	2013-14	WOLFSBURG	2021-22	LYON
2006-07	ARSENAL	2014-15	FRANKFURT	2022-23	BARCELONA
2007-08	FRANKFURT	2015-16	LYON		
2008-09	DUISBURG	2016-17	LYON		

UEFA EUROPA LEAGUE

AÑO	EQUIPO	AÑO	EQUIPO	AÑO	EQUIPO
1971-72	TOTTENHAM HOTSPUR	1990-91	INTERNAZIONALE	2011-12	ATLÉTICO DE MADRID
1972-73	LIVERPOOL	1991-92	AJAX	2012-13	CHELSEA
1973-74	FEYENOORD	1992-93	JUVENTUS	2013-14	SEVILLA
1974-75	BORUSSIA MÖNCHENGLADBACH	1993-94	INTERNAZIONALE	2014-15	SEVILLA
		1994-95	PARMA	2015-16	SEVILLA
1975-76	LIVERPOOL	1995-96	BAYERN DE MÚNICH	2016-17	MANCHESTER UTD
1976-77	JUVENTUS	1996-97	SCHALKE	2017-18	ATLÉTICO DE MADRID
1977-78	PSV EINDHOVEN	1997-98	INTERNAZIONALE	2018-19	CHELSEA
1978-79	BORUSSIA MÖNCHENGLADBACH	1998-99	PARMA	2019-20	SEVILLA
		1999-2000	GALATASARAY	2020-21	VILLARREAL
1979-80	EINTRACHT FRANKFURT	2000-01	LIVERPOOL	2021-22	EINTRACHT FRANKFURT
1980-81	IPSWICH TOWN	2001-02	FEYENOORD	2022-23	SEVILLA
1981-82	IFK GÖTEBORG	2002-03	OPORTO		
1982-83	ANDERLECHT	2003-04	VALENCIA		
1983-84	TOTTENHAM HOTSPUR	2004-05	CSKA MOSCÚ		
1984-85	REAL MADRID	2005-06	SEVILLA		
1985-86	REAL MADRID	2006-07	SEVILLA		
1986-87	IFK GÖTEBORG	2007-08	ZENIT SAN PETERSBURGO		
1987-88	BAYER LEVERKUSEN	2008-09	SHAKHTAR DONETSK		
1988-89	NÁPOLES	2009-10	ATLÉTICO DE MADRID		
1989-90	JUVENTUS	2010-11	OPORTO		

COPA LIBERTADORES

AÑO	EQUIPO	AÑO	EQUIPO	AÑO	EQUIPO
1960	PEÑAROL	1981	FLAMENGO	2002	OLIMPIA
1961	PEÑAROL	1982	PEÑAROL	2003	BOCA JUNIORS
1962	SANTOS	1983	GRÊMIO	2004	ONCE CALDAS
1963	SANTOS	1984	INDEPENDIENTE	2005	SÃO PAULO
1964	INDEPENDIENTE	1985	ARGENTINOS JUNIORS	2006	INTERNACIONAL
1965	INDEPENDIENTE	1986	RIVER PLATE	2007	BOCA JUNIORS
1966	PEÑAROL	1987	PEÑAROL	2008	LDU QUITO
1967	RACING	1988	NACIONAL	2009	ESTUDIANTES
1968	ESTUDIANTES	1989	ATLÉTICO NACIONAL	2010	INTERNACIONAL
1969	ESTUDIANTES	1990	OLIMPIA	2011	SANTOS
1970	ESTUDIANTES	1991	COLO-COLO	2012	CORINTHIANS
1971	NACIONAL	1992	SÃO PAULO	2013	ATLÉTICO MINEIRO
1972	INDEPENDIENTE	1993	SÃO PAULO	2014	SAN LORENZO
1973	INDEPENDIENTE	1994	VÉLEZ SARSFIELD	2015	RIVER PLATE
1974	INDEPENDIENTE	1995	GRÊMIO	2016	ATLÉTICO NACIONAL
1975	INDEPENDIENTE	1996	RIVER PLATE	2017	GRÊMIO
1976	CRUZEIRO	1997	CRUZEIRO	2018	RIVER PLATE
1977	BOCA JUNIORS	1998	VASCO DA GAMA	2019	FLAMENGO
1978	BOCA JUNIORS	1999	PALMEIRAS	2020	PALMEIRAS
1979	OLIMPIA	2000	BOCA JUNIORS	2021	PALMEIRAS
1980	NACIONAL	2001	BOCA JUNIORS	2022	FLAMENGO

*Está previsto que el torneo de 2023 termine en noviembre.

COPA LIBERTADORES FEMENINA

AÑO	EQUIPO	AÑO	EQUIPO
2009	SANTOS	2017	AUDAX/CORINTHIANS
2010	SANTOS	2018	ATLÉTICO HUILA
2011	SÃO JOSÉ	2019	CORINTHIANS
2012	COLO-COLO	2020	FERROVIÁRIA
2013	SÃO JOSÉ	2021	CORINTHIANS
2014	SÃO JOSÉ	2022	PALMEIRAS
2015	FERROVIÁRIA	2023*	
2016	SPORTIVO LIMPEÑO		

*Está previsto que el torneo de 2023 termine en octubre.

COPA MUNDIAL DE CLUBES DE LA FIFA™

AÑO	EQUIPO	AÑO	EQUIPO
2000	CORINTHIANS	2014	REAL MADRID
2005	SÃO PAULO	2015	BARCELONA
2006	INTERNACIONAL	2016	REAL MADRID
2007	AC MILAN	2017	REAL MADRID
2008	MANCHESTER UTD	2018	REAL MADRID
2009	BARCELONA	2019	LIVERPOOL
2010	INTERNAZIONALE	2020	BAYERN DE MÚNICH
2011	BARCELONA	2021	CHELSEA
2012	CORINTHIANS	2022	REAL MADRID
2013	BAYERN DE MÚNICH	2023*	

*Está previsto que el torneo de 2023 se celebre en diciembre.

ÍNDICE ALFABÉTICO

Las referencias de página a imágenes están en **negrita**.

AC Milan, 102
aerosol evanescente, 27
AFC, Copa Asiática de la, 52-53
AFC, 13, 94-97
Agüero, Sergio, 38, 85
Albiol, Raúl, 75
Alemania, 41, 64-67
    Bayern de Múnich, 102
    Copa Mundial 2014, **54**
    Frankfurt, 105
    selección femenina, 45
Ali, Almoez, 53
Almeida, Ever Hugo, 109
Alonso, Xabi, 102
Angerer, Nadine, 45, 67
Antigua Grecia, 8
árbitros, 24-25
    asistentes, 24
        de vídeo, 25
Arena, Bruce, 49
Argelia, 51
Argentina, **32**, 84-85
    Boca Juniors, **113**
    Copa América, 46-47
    fútsal, **114**
Asociación Inglesa de Fútbol (FA), 9, 15, 67
Aston Villa (Inglaterra), 11
Australia, 53, 96
    selección femenina, 97
aztecas, 8

banquillos, 29
Bayern de Múnich, 102
Bélgica, 76
Best FIFA Football Awards™, 116-117
Bianchi, Carlos, 108
Boca Juniors, **113**
Brasil, 34, 86-87
    Copa América, 46-47
    Corinthians, 111
    Flamengo, **108**
    Juegos Olímpicos, **38**, 39

    São José, 109
    selección femenina, 41, 88-89
Bronze, Lucy, 59
Bruyne, Kevin de, 76
Buffon, Gianluigi, 69

CAF, 13, 92-93
Cafú, **86**, 87
Camerún, 39, 51, 92-93
Campeonato de Europa de la UEFA, 42-43
    1992, 77
    2000, 61
Campeonato de Europa de la UEFA Femenino, 44-45
    1984, 15, 79
    2017, 72
    2022, **58**
Campeonato Juvenil FIFA/Blue Stars™, 113
campo, 28
Canadá, selección femenina de, 49, 83
Cannavaro, Fabio, **68**, 69
Casillas, Íker, 75
Catar, **28**
    Copa Asiática de la AFC, **52**, 53
Cavani, Edinson, **90**
centrocampistas, 21
césped artificial, 27
Charisteas, Angelos, 43
Checoslovaquia, 43
Chiejine, Ifeanyi, 37
Chiellini, Giorgio, 42
China, 8, 53
    selección femenina, 95
Christiane, 41
Collina, Pierluigi, **24**
Concacaf, 12, 80-83
    Copa Oro, 48-49
CONMEBOL, 12, 46-47, 84-91
    Copa Libertadores, 98, 108-109
Copa Africana de Naciones (CAN), 50-51, 92
Copa América, 46-47, 89-91
Copa Intercontinental, 111
Copa Jules Rimet, 34, 57

Copa Libertadores, 98, 108-109
Copa Mundial de Clubes de la FIFA™, 110-111
Copa Mundial de Fútsal de la FIFA™, 114
Copa Mundial de la FIFA™, 12, 32-35
    Alemania 2006, **68**, 69
    Brasil 2014, **54**, 65
    Catar 2022, 17, **19**, **25**, 35, **56**
    Corea/Japón 2002, **81**, **86**
    Francia 1998, 61
    Inglaterra 1966, 56-57
    Italia 1990, 65
    México 1986, **84**
    México 1970, 17
    Rusia 2018, **6-7**, **17**, **20**, **60**, 76, **80**, **90**
    Sudáfrica 2010, **21**, 26, **31**, 74
    Suiza 1954, 17
Copa Mundial Femenina de la FIFA™, 12, 36-37
    Alemania 2011, 95
    Canadá 2015, 59
    China 1991, 15
    China 2007, 67
    Francia 2019, **14**, **29**, 59, 62, 72-73, **79**, 82, **83**
Copa Mundial Femenina Sub-20 de la FIFA™, 112-113
Copa Mundial Sub-17 de la FIFA™, 25, 113
Copa Mundial Sub-20 de la FIFA™, 112
Corea del Norte, 53
Corea del Sur, 94
Corinthians, **111**
Costa de Marfil, 51
Croacia, 76
Cruyff, Johan, 71
cuarto árbitro, 24
cuju, 8

Daei, Ali, 53
Dankert, Bastian, **25**
defensas, 20
delanteros, 21
deporte escolar, 9
Dick, Kerr Ladies FC (Inglaterra), 15
Dinamarca, 77
dispositivos de seguimiento, 27
Donovan, Landon, 49
dorsales, 20-21
Dos Santos, Jonathan, 48

Egipto, 50-51, 92
Ellis, Jill, 37
Emery, Unai, 107
episkyros, 8

equipo arbitral, 24-25
Escocia, 56
España, **31**, 74-75
    FC Barcelona, 100, 102
    selección sub-20, **113**
    Sevilla, 107
    Villarreal, **106**
Estadio
    de Maracaná (Brasil), 46
    Lusail (Catar), **28**
    Wembley (Londres), **28**
        Copa Mundial 1966, 57
        EURO, 42-43
estadios, 28-29
Estados Unidos (EE. UU), 81
    Copa Oro de la Concanaf, 48-49
    selección femenina, **14**, 15, 36-37, 40, 82
Etiopía, 50
Eto, Samuel, 51
EURO *véase* Campeonato de Europa de la UEFA
Everton (Inglaterra), **16**

FA Cup, 10, 16
Fàbregas, Cesc, **31**
FC Barcelona, 100, 102
fichajes, 11
FIFAe World Cup™, 115
Firmino, Roberto, **110**
Flamengo, **108**
Fontaine, Just, 61
formaciones, 22-23
Formiga, 37, 41, 89
Francia, 60-63
    Lyon, 104
    selección femenina, 15
Frankfurt, 105
Frappart, Stéphanie, 25
fútbol
    expansión, 10-11
    juvenil, 112-113
    orígenes, 8-9
    por el mundo, 11-13
    tecnología, 16-17, 26-27
    véase también fútbol femenino
fútbol femenino, 14-15
    AFC, 95
    Alemania, 66-67
    Australia, 97
    Brasil, 88-89
    Campeonato W de Concanaf, 49

Canadá, 83
Copa Africana de Naciones Femenina, 51
Copa América, 47
Copa Asiática Femenina de la AFC, 53
Copa Libertadores, 109
EE. UU., 82
Francia, 62-63
Holanda, 72-73
Inglaterra, 58-59
Juegos Olímpicos, 40-41
Noruega, 78
torneos juveniles, 112-113
UEFA Champions League, 104-105
véase también Copa Mundial Femenina de la FIFA™
fútbol juvenil, 112-113
fútbol popular, 9
fútsal, 114

Gerrard, Steven, 102
Ghana, 51, 92-93
Godín, Diego, 91
Götze, Mario, 65
Grecia, 43
Groves, Willie, 11
Gültekin, Umut, **115**

Haití, 49
harpastum, 8
Hazard, Eden, 76
Hegerberg, Ada, **104**
Henry, Amandine, 63
Holanda, 70-73
    selección femenina, 14-15, 44-45
Honduras, 47
Hungría, **17**, 39
Hurst, Geoff, 57

IFK Göteborg, 107
Imperio
    Británico, 11
    Romano, 8
INF Clairefontaine (Francia), 61, 63
Inglaterra, 56-57
    Selección femenina, 45, 58-59
Iniesta, Andrés, 71
Irán, 53
Italia, 42, 68-69
    AC Milan, 102
    Juventus, 100

Jamaica, 49
Japón, 94-96

Juegos Olímpicos, 38-41
    Argentina, 85
    CAF, región, 93
    Canadá, selección femenina, 83
    Río, 2016, 66
    Sídney, 2000, **78**
    Uruguay, 91
Juventus, 100

Kane, Harry, 57
Kerr, Sam, 53
Kirichenko, Dmitri, 43
Klose, Miroslav, **34**, 65
Kroos, Toni, 111

Lahm, Philipp, **54**
Larsson, Henrik, 107
Le Sommer, Eugénie, 63
líberos, 20
Lilly, Kristine, **15**
líneas virtuales, 26
Lineker, Gary, 57
Liverpool (Inglaterra), 102, **110**
Lloris, Hugo, **20**, 60
Lloyd, Carli, 40, **49**
Lukaku, Romelu, 76
Lyon, 104

Maldini, Paolo, **20**
Manchester City (Inglaterra), **100**
Manchester United (Inglaterra), **16**, 102
Mandela, Nelson, **50**
Maradona, Diego, 21, **84**, 85
Marruecos, 92
Marta, **21**, 37, 89, 105
Martínez, Emiliano, 117
Mascherano, Javier, 85
Match of the Day (programa de televisión), 16
Matthäus, Lothar, 65
mayas, 8
Mbappé, Kylian, **17**, **19**, 61
Mead, Beth, **45**
Méndez, Norberto, 47
Messi, Lionel, **19**, 21, 33, 84-85
    FIFA, premios, 116
    Juegos Olímpicos, 38, **39**
México, 48-49, 80
Miedema, Vivianne, 73
Milutinović, Bora, 49
Mônica, **47**
Moore, Bobby, 57
Morgan, Alex, **49**
Mulamba, Ndaye, 51

Neymar, 11, 39
Nielsen, Sophus, 39
Nigeria, 39, 51, 93
Nkwocha, Perpetua, 51
Nº 10, dorsal, 21
Noruega, 41
    selección femenina, 45, 78
Nueva Zelanda, 97

OFC, 13, 53, 97

Palermo, Martin, 47
Paris Saint-Germain (Francia), 11
Parr, Lily, 15
Pelé, **17**, 21, 34, 87, 109
Peñarol, 109
Pohlers, Conny, 105
porteros, 20
Portugal, 77
posiciones en el campo, 20-21
Pozzo, Vittorio, 33, 69
premios, 116-117
Preston North End ("Los invencibles"), 10
Primera Guerra Mundial, 14
Prinz, Birgit, 45, 67, 105
Puskás, Ferenc, 39
Putellas, Alexia, 116

radio, 16
Ramos, Sergio, 75
Renard, Wendie, 62
República Federal de Alemania, **17**, 67
Reyes, José Antonio, 107
Riise, Hege, 78
Rodriguez, James, **33**
Ronaldo, Cristiano, 43, 77, 101
Roseli, 47

salarios, 10
São José, 109
Sawa, Homare, 95
Senegal, 51, 92
Sevilla, 107
Sheringham, Teddy, 102
Sky Sports, 16
Šmicer, Vladimir, 102
Solskjær, Ole Gunnar, 102

Spitse, Sherida, 73
Suárez Miramontes, Luis, 74
Sudáfrica, 50
Sudán, 50
Suecia, 41
    IFK Göteborg, 107
    selección femenina, 45, 79
Sun Wen, 95
Sundhage, Pia, 41

Team GB, 41
televisión, 16–17
Torres, Fernando, 75
Tottenham Hotspur (Inglaterra), **29**, 56
Trofeo Henri Delaunay, 43
Trofeo Sir Thomas Lipton, 111
túneles, 29

Ucrania, **112**
UEFA, 13, 56-79
UEFA Champions League, 98, **99**, 100-103
UEFA Europa League, 106-107
UEFA Nations League, **70**
UEFA Women's Championship League, 104-105
Unión Soviética, 43
Uruguay, 90-91
    Peñarol, 109

Van Bommel, Mark, **71**
Van Persie, Robin, 71
vestuarios, 29
Videkull, Lena, 45
videojuegos, 115
Villa, David, 75
Villarreal, **106**
Vogts, Berti, 43

West Bromwich Albion (Inglaterra), 11
White, Ellen, 59
Whiteside, Norman, 33
Wiegman, Sarina, 117
Williams, Fara, 59

Xavi, **21**

Zidane, Zinedine, 61
Zizinho, 47

La editorial desea dar las gracias a las siguientes fuentes por dar amablemente su permiso para la reproducción de las imágenes en este libro.

Leyenda: A=arriba, Ab=abajo, I=izquierda, D=derecha, C=centro.

ALAMY: /agefotostock: 8AbCI; /Lordprice Collection: 9AbI; /The Picture Art Collection: 8AbD

BRIDGEMAN IMAGES: /National Football Museum: 9A; /Pictures from History: 8AbCD

GETTY IMAGES: /2022 Supreme Committee for the Delivery & Legacy for the FIFA World Cup Event: 28A, 35; /AFP: 61I, 71AbI; /The AGE/Fairfax Media: 27AbD; /Luis Acosta/AFP: 20I; /Odd Andersen/AFP: 69AbD; /Mladen Antonov/AFP: 26C; /Gonzalo Arroyo/FIFA: 115; /Nicolas Asfouri/AFP: 68; /Matthew Ashton/AMA: 41AI, 49AD, 77AbD, 105AbI; /Marc Atkins/Offside: 107AD; /Naomi Baker/FIFA: 82, 97Ab; /Lars Baron/Bongarts: 25AbI, 34BAbD; /Lars Baron/FIFA: 71AbD; /Robbie Jay Barratt/AMA: 6-7; /Gunnar Berning/Bongarts: 105D; /Lionel Bonaventure/AFP: 11AD; /Bongarts: 17AD, 67Ab; /Shaun Botterill/FIFA: 32, 33AbI, 57AbD; /Gabriel Bouys/AFP: 87AbD; /Jose Breton/NurPhoto: 62; /Chris Brunskill/Fantasista: 21AbD; /Clive Brunskill: 24, 66; /Eric Cabanis/AFP: 102AD; /Giuseppe Cacace/AFP: 51AbI; /Lynne Cameron/The FA: 58; /David Cannon/Allsport: 57I; /Alex Caparros/FIFA: 29AbI; /Robert Cianflone: 33AbD; /Robert Cianflone/FIFA: 40; /Yuri Cortez/AFP: 80; /Harold Cunningham/FIFA: 113A; /Harold Cunningham/UEFA: 104D; /DeFodi/Anadolu Agency: 44; /Johannes Eisele/AFP: 39AI; /Pat Elmont/FIFA: 21D; /Pat Elmont/UEFA: 117D; /Elsa: 89AD; /Franck Fife/AFP: 17AbD, 37; /Julian Finney: 41AbI; /Fototeca Storica Nazionale: 69AD; /Goh Chai Hin/AFP: 53AD; /Patrick Gorski/Icon Sportswire: 48; /Laurence Griffiths: 38A, 75AbD; /Dennis Grombkowski/Bongarts: 107AI; /Jeff Gross: 95AbD; /Matthias Hangst: 64; /Etsuo Hara: 76AD, 111D; /Ronny Hartmann/Bongarts: 25D; /Ferdi Hartung/ullstein bild: 109; /Mike Hewitt: 88, 102AbD; /Maja Hitij: 106; /Maja Hitij/FIFA: 85AI; /Catherine Ivill/AMA: 73AbI; /Amin Mohammad Jamali: 54-55; /Michael Kappeler/AFP: 38AbD; /Keystone/Hulton Archive: 16AD; /Junko Kimura: 94AD; /Matt King: 97AD; /Christof Koepsel: 95AD; /Christof Koepsel/Bongarts: 67AI; /Christof Koepsel/UEFA: 73AI; /Uwe Kraft/ullstein bild: 20AbD; /Jan Kruger/UEFA: 76AbD; /Christopher Lee/UEFA: 43A; /Matthew Lewis/FIFA: 59AC; /Christian Liewig/TempSport/Corbis: 61AD, 102AbI; /Alex Livesey: 43AbD, 86, 100-101; /Alex Livesey/FIFA: 75AD, 112; /Alex Livesey/UEFA: 45; /Jaime Lopez/LatinContent: 91AI; /Andy Lyons: 15AbI; /Marcio Machado: 83; /Ian MacNicol: 60; /Ian MacNicol/FIFA: 114; /Joe Maher/FIFA: 117I; /Stephane Mantey/Corbis/VCG: 78; /Ronald Martinez: 49AbI; /Stefan Matzke/Sampics/Corbis: 18-19; /Jamie McDonald: 65I, 71A; /Paul Mealey/Mirrorpix: 16Ab; /Stephanie Meek/CameraSport: 14; /Buda Mendes: 46, 89I, 108-109; /Mark Metcalfe: 96; /Maddie Meyer/FIFA: 79; /Maddie Meyer/UEFA: 59AbD; /Brendan Moran/FIFA: 116D; /Indranil Mukherjee/AFP: 53AbI; /Sandro Pereyra/Latin Content: 91D; /Philippe Perusseau/Icon Sport: 39AbD; /Ralf Pollack/ullstein bild: 51AI; /Popperfoto: 10, 17I, 91AbI; /Anne-Christine Poujoulat/AFP: 70; /Dani Pozo/AFP: 74; /David Price/Arsenal FC: 26AbD; /Quality Sport Images: 12AbI, 59AbI, 63AI, 103; /Ben Radford: 51AbD; /Roslan Rahman/AFP: 52; /David Ramos: 75I; /David Ramos/FIFA: 110; /Michael Regan: 42, 98-99; /Michael Regan/FIFA: 56, 116I; /Claudio Reyes/AFP: 47AbI; /Rischgitz: 9BC; /Rolls Press/Popperfoto: 34A, 57AD, 87AbI; /Lars Ronbog/FrontzoneSport: 77AD; /Justin Setterfield: 36; /Ezra Shaw: 21I; /Christophe Simon/AFP: 27AD, 107AbI; /Javier Soriano/AFP: 30-31; /Michael Steele: 90, 101; /Billy Stickland/Inpho Photography: 92; /Patrik Stollarz/AFP: 69I; /Bob Thomas: 15C, 65D, 84, 85AD, 85AbD, 89AbD, 93, 94AbD, 111I; /Bob Thomas/Popperfoto: 11AI, 15AI, 87AD; /Mark Thompson: 50; /Topical Press Agency: 63AD; /Tottenham Hotspur FC: 28Ab, 29I; /Pedro Ugarte/AFP: 47AI; /Universal/Corbis/VCG: 39AbI; /VI Images: 72, 73AbD, 104I; /Eric Verhoevan/Soccrates: 63AbD; /Sebastian Widmann/FIFA: 113AbI; /Charlotte Wilson/Offside: 27I; /Greg Wood/AFP: 81

NATIONAL ARMY MUSEUM: 11AbI

ADRIAN ROEBUCK: 9BR

SHUTTERSTOCK: /SL-Photography: 8ABI; /Gino Santa Maria: 16AD

Se ha realizado el máximo esfuerzo para reconocer correctamente y contactar con la fuente y/o el propietario del *copyright* de cada imagen. Cualquier error u omisión involuntarios se corregirán en futuras ediciones de este libro.